JN319983

基本がすぐわかる
マナーBOOKS

そのまま使える文例集!

心が伝わる
短い手紙・はがき・一筆箋

主婦の友社
編

心が伝わる短い手紙・はがき・一筆箋

目次

9 断りの手紙とはがき…128

10 おわびの手紙とはがき…137

本書の見方

この文例は**男女**ともに使え、**手紙**でも**はがき**でもOKということ。**は**ははがきの略で、この文例ははがきの文例であることをさす。

◎仲人夫妻へ〈男・女・手・は〉

拝啓　暑さ
た。お二方
とお喜び中
まで大過ま
つきまし
までに、本
ートから送
らば持参し
ころ、失礼
時節がら

略語一覧

手＝手紙
は＝はがき
箋＝一筆箋
手（印刷）
＝印刷した手紙
は（印刷）
＝印刷したはがき
手（プリント）
＝プリントの手紙
往は
＝往復はがき

第1章

手紙・はがき・一筆箋の書き方

1 手紙の書き方

書式があるからこそ楽に書ける

書きなれないと難しく思える手紙ですが、「ここにはこれを置く」という置き場所がちゃんと決まっています。それが手紙の基本構成（書式）で、大きく分けて「前文」「主文」「末文」「後付け」の4つのブロックからなります。

「前文」ははじめのあいさつです。会話でいうと「こんにちは。最近、涼しくなりましたが、お元気でしたか？」にあたります。それから用件である「主文」へ。そして用件を終えたら、「末文」で「これからもよろしくお願いします。ではお元気で」と最後のあいさつをして、「後付け」にて「いつ、だれから、だれへ」という日付、署名、あて名を書き添えれば完成。置き場所がわかれば、あとは整理も簡単です。「こんな書き方でいいのかしら」と迷うことなく、流れのいい手紙が書けるようになります。

手紙の基本スタイル

前文	頭語 時候のあいさつ 安否を尋ねるあいさつ お礼やおわびのあいさつ
主文	起こし言葉 本文
末文	結びのあいさつ 結びの言葉 結語
後付け	日付 署名 あて名・敬称

手紙の基本形式

縦書きの基本スタイル

前文

拝啓[1]　年の瀬を迎え、[2]皆様お忙しくお過ごしのことと存じます。私ども家族一同もお陰様で元気にしております。[3]平素は娘のさやかがひとかたならぬお世話になりまして、心より御礼を申し上げます。[4]

主文

さて、[5]日ごろの感謝のしるしに、[6]本日○○デパートよりお歳暮の品をお送りいたしました。読書が好きな伯父様のため、あたたかいひざ掛けを選びましたので、使っていただければ幸いです。

末文

寒さ厳しきおり、[7]お体にはくれぐれもお気をつけくださいませ。[8]本来ならばごあいさつに伺うべきところ、略儀ながら書中にて失礼させていただきます。

かしこ[9]

後付け

平成○年十二月三日[10]

松本和子[11]

松本一郎様[12]

1 「こんにちは」にあたる頭語は、1行目の行頭から書く。

2 時候のあいさつ。頭語のあとに1～2字あけて、季節をあらわすあいさつの言葉を続ける。

3 「お元気ですか？」など先方の安否を気づかう言葉。そのあと自分の様子を添える。

4 日ごろの感謝やお礼、ご無沙汰しているおわびなど、必要に応じて入れる。

5 ここからが本題ですよという意味で「さて」「実は」などから始める。

6 伝えたい用件。

7 「ではお元気で」にあたる結びのあいさつ。相手の健康や活躍を祈る言葉や今後もよろしくお願いしますというメッセージを書く。

8 「まずはお礼（お祝い／お返事）まで」と手紙の用件を総括して結ぶこともある。

9 結語は行末から1字分ほど上で終わる位置におさめる。男性の場合は「敬具」。

10 月日だけでもよい。

11 署名

12 あて名は行頭から、署名よりやや大きな文字で書く。

横書きの基本スタイル

1 南川一郎様

前文

2 拝啓　春らしいうららかな毎日が続いておりますが、皆様お変わりなくお過ごしのことと存じます。

本文

3 さて、このたびの真奈美の中学入学にあたりましては、ごていねいに入学祝いをいただき、まことにありがとうございました。

さっそく、必要な学用品を娘と一緒に買いに行き、一通りそろえることができました。

お心づかいにあらためて感謝いたしております。

中学の制服の準備もととのい、本人に着せてみましたが、やはり大人びて見え、親としても大きな感慨がございます。

末文

どうぞ、これからも真奈美の成長をお見守りくださいますよう、お願い申し上げます。本日はまずはお礼のみにて失礼いたします。

4 かしこ

5 9月20日

6 南川郁美

横書きは自分なりのアレンジもOK

あらたまった相手への手紙は縦書き。親しい相手への手紙は横書きと使い分けるとよいでしょう。横書きの場合、堅苦しい内容でなく、気軽なものがおすすめです。4つのブロックに分かれた基本形式は縦書きと同じですが、相手と内容によっては形式どおりにととのえる必要はありません。頭語や結語を省く程度のアレンジは失礼にあたりません。

1 横書きの場合、相手の名前を前付けにしてもOK。

2 頭語は省略可。時候のあいさつは「○○の候」「○○のみぎり」というあいさつよりも、相手に話しかけるような文章にしたほうが自然。

3 主文に入るときは、改行して1字分下げて新しい段落にする。ここで1行あけて読みやすくなるようアレンジを加えてもOK。

4 結語は縦書きの場合と同様に、行末から1字分左で終わる位置に配す。また頭語と結語はセットで使用するので、頭語を省略した場合は、「さようなら」「では、また」といった表現でもよい。

5 日付は算用数字で。

6 親しい間柄ならばフルネームでなくてもよい。

一筆箋の基本形式

手紙、はがきより手軽で簡単。気持ちを伝える便利なアイテム

写真や本を贈るとき、人づてに物を渡すとき、ちょっとしたメッセージを伝えるとき……便箋に書くほどではないけれどひと言添えたい、という場合に一筆箋はとても便利なアイテムです。特に定まった書き方はなく、頭語、結語といった形式も必要ありません。ちょっとした気持ちや心づかい、用件などを伝えるものなので、冗長な文章は避け、長くても2枚以内におさめるのがマナー。それ以上になる場合は、便箋にしましょう。

デジタル時代の今、メールは毎日のように受けとるようになりましたが、反対に手書きのメッセージをもらうことはめったにありません。だからこそ、ちょっとした言葉を添える一筆箋は効果的。ひと手間添えた心づかいとして活用してみましょう。

1 田中先生
2 いつもお世話になっております。
先日はお忙しいなか、お時間をさいていただき、また貴重な資料も快くお貸しいただきまして、まことにありがとうございました。おかげさまで、レポートも無事に仕上がりました。
今後もなにかとお世話になることと存じますが、どうぞよろしくお願い申し上げます。
3 とり急ぎ、お礼まで。
4 上原

1 あて名を書く場合は冒頭に。相手に直接渡ることがわかっているときは、あて名は特に必要ない。本文から始める場合は、1～3字分下げて、段落をわかりやすく。

2 改行するときは1字分下げて書き始める。

3 一筆箋は用件オンリーのものなので、結びは「とり急ぎ○○まで」とするのが便利な表現。

4 封筒に入れずに一筆箋のまま渡すときは、自分の名前を書いておく。状況に応じてフルネームでなくてもかまわない。また、物品に同封する場合はあて名や自分の名前を省いてもよい。

前文1

「頭語と結語はセットで使う」

頭語・結語とは

頭語は、手紙の最初に書く「拝啓」「謹啓」などのことで、話し言葉では「こんにちは」にあたります。結語は「敬具」「かしこ」など、「さようなら」という別れの言葉になります。

相手に合わせた頭語と結語を選ぶ

相手と場面によって、あいさつの言葉もあらたまった言い方にするのか、カジュアルな言い方にするのか違うように、手紙を出す相手や用件、状況によって左の表のように使い分けます。ただし、かしこまって始めたのに、最後はカジュアルに「バイバイ」で終わるのはおかしなものです。頭語と結語は違和感がないように、ペアで覚えておくとよいでしょう。

また、頭語があると堅苦しい印象を与えるというので、あらたまった内容でない場合は、あえて省略することもあります。

一般的な頭語／結語

◎**拝啓―敬具**　「謹んで申し上げます／謹んで申し上げました」の意味。

◎**謹啓―謹言**　「拝啓／敬具」と同じ意味ですが、目上の人に送る、よりあらたまった儀礼的な手紙に用います。

急用や業務連絡に使う頭語／結語

◎**前略―草々／冠省―不一**

「前略」「冠省」は「前文（冠）を省略します」の意味なので、「前略　お元気ですか?」「冠省　いつもお世話になっております」などという使い方は誤りです。また、「草々」は時間がなくて準備不十分な様子を表し、「不一」は十分に意を尽くしてないという意味で、「草々不一」と重ねて使う場合もあります。用件のみの手紙のときに便利です。

女性専用の結語

◎かしこ

「かしこ」は「おそれおおい」という意味の「畏《かしこ》し」が語源です。差出人が女性の場合、「拝啓」「謹啓」「前略」など、どんな頭語から始めても、また頭語を使わずに書き始めた場合でも、「かしこ」で結ぶことができます。ただし、ビジネス文書には使わないので注意しましょう。

頭語と結語の組み合わせ

［◎印がよく使われる表現です。青字は主として女性が使う表現］

手紙の種類	頭語	結語
一般的な手紙	◎拝啓／拝呈／啓上／一筆申し上げます	◎敬具／拝具／敬白／かしこ
あらたまった手紙	◎謹啓／謹呈／粛啓／◎謹んで申し上げます	◎謹言／◎敬具／◎謹白／敬白／かしこ
初めて手紙を出すとき	◎拝啓／謹呈／拝呈 ◎初めてお便りをさし上げます 突然お手紙をさし上げる失礼をお許しください	◎敬具／拝具／敬白／かしこ
前文を省略するとき	◎前略／◎冠省／略啓／前文失礼いたします 前略ごめんください	◎草々／◎不一／不備／不尽／かしこ
急用の場合	◎急白／◎急啓／◎とり急ぎ申し上げます	◎とり急ぎ用件のみにて　草々／不一／不備／不尽／かしこ
再度出す場合	◎再啓／再呈／重ねて申し上げます ◎たびたび失礼とは存じますがお手紙をさし上げます	◎敬具／拝具／敬白／かしこ
一般的な返信	◎拝復／◎お手紙ありがとうございました ◎お手紙拝見しました／とり急ぎお返事申し上げます	◎敬具／拝具／敬白／かしこ
あらたまった返信	◎拝披／◎ご書面拝受いたしました／拝復	◎貴酬／◎拝答／敬白／かしこ

前文2

「時候のあいさつ」

季節をとり入れ思いやりを添える

「拝啓」などの頭語につづけて、時候（四季の気候）のあいさつをします。会話でも「最近、朝晩が冷えてきましたね」「天気が悪い日がつづきますね」など、季節の移り変わりや寒暖の変化についてあいさつを交わすように、この時候のあいさつは季節感をとり入れながら、さりげなく相手を気づかうという意味があります。

時候のあいさつには、「〇〇の候」「〇〇のみぎり」などのように漢語的な慣用句もありますが、少々堅苦しい印象になります。あらたまった手紙でないかぎり、「新緑の候」よりは「若葉がまぶしい季節になりました」など、日常的に使う言い回しを使うほうが、より自然です。また、「そちらはもう桜が咲き始めているのでしょうか」「あなたの好きな海の季節がやってきました」など、相手の土地柄や趣味を思いやる言葉を選ぶと親しみのこもった表現になります。（月別の時候のあいさつ文例は20～25ページ参照）

四季おりおりの風情をプラスする二十四節気とは？

いつものカレンダーとは別に、「立春」や「立冬」など、季節の言葉で示される「二十四節気」という暦があります。これは陰暦（旧暦）の時代に季節を表すための工夫として考えられた区分です。一年を二十四等分してこまやかな言葉で季節感を表しています。現在でも季節の節目で使われているので、二十四節気を意識して、昔ながらの風情を手紙にプラスしてみるのもよいでしょう。（月別の二十四節気は20～25ページ参照）

前文3 「安否のあいさつ」

用件に入る前のワンクッション

時候のあいさつのあと、いきなり用件に入るのではなく、ワンクッション置いて相手を気づかうひと言を添えることで手紙の印象はぐっとやわらぎます。「お元気でお過ごしのことと存じます」など、相手の安否を尋ねる言葉が一般的ですが、お世話になった人には、感謝の言葉にするなど状況に応じて変えるとよいでしょう。ただし、「お元気ですか?」と疑問形は相手の答えを要求するようにも受けとられるので、目上の人への手紙には「お元気でご活躍のこととお喜び申し上げます」など、相手の健康や活躍を確信するという書き方にしましょう。

先方の安否を尋ねる
- 皆様お元気でお過ごしのことと存じます。
- 皆様にはご健勝(＝健康を祝う)/ご清祥(＝元気でめでたく暮らしている)/ご清栄(＝健康、繁栄を祝う)/ご活躍(＝仕事などが順調)/ご隆昌(家業、仕事などが順調)のこととお喜び申し上げます。
- その後、いかがお過ごしでしょうか。

感謝、お礼の言葉
- 平素は格別のご厚情をいただき、深く感謝しております。
- 日ごろはなにかとお世話になりまして、厚く御礼申し上げます。

自分の安否を伝える
—自分を気にかけてくれている親しい間柄にだけ使用します。
- 私もおかげさまで元気でおります。
- 家族も皆つつがなく過ごしております。

ご無沙汰をわびる言葉
- 日ごろ、ご無沙汰ばかりで恐縮しております。
- すっかりご無沙汰してしまい申しわけなく存じます。

返信のとき
- お手紙ありがとうございました。
- お便り拝見いたしました。

初めて手紙を出す相手に
- 初めてお便りをさし上げます。
- 突然お手紙をさし上げる失礼をお許しください。

季節のあいさつ―書き出し&まとめ文例

※「～の候」は「～のみぎり」「～の節」と言い換えることもできます。
※…のあとは、安否を尋ねるあいさつをつづけます。

1月

新しい年を迎え、新春を祝う1月。1～7日は「松の内」と呼び、本来は松飾りをつけている時期です。6日ごろ「小寒（しょうかん・寒さの厳しくなるころ）」、20日ごろ「大寒（たいかん・一年で最も寒い時期）」となります。

上旬

●新春の候 ●初春の候 ●小寒の候 ●厳冬の候
●輝かしい新春を迎え、謹んでお慶びを申し上げます。
●皆様おそろいで、おだやかな新年をお迎えのことと存じます。
●寒の入りとともに本格的な冬の到来を迎え…
●早いもので松の内も明け…

中旬

●寒中お見舞い申し上げます。（8日以降）
●寒さ厳しきおりではございますが…
●お正月の静けさも去り、またお忙しい毎日を…
●寒さが肌をさす今日このごろでございますが…

下旬

●大寒の候
●大寒に入り、寒さいよいよ厳しきおりではございますが…
●底冷えのする毎日がつづいておりますが…
●春の訪れが待ち遠しいころとなりましたが…
●大寒という字になおさら寒さを覚える今日このごろ…
●暖冬とは申せ、吹く風はやはり冷たく…

結びのあいさつ

●本年のますますのご活躍を心よりお祈り申し上げます。
●本年もご指導のほどどうぞよろしくお願い申し上げます。
●寒さ厳しきおりではございますが、くれぐれもご自愛ください。
●寒さはこれからが本番のようです。おかぜなど召しませぬようにお気をつけください。
●春の訪れを心待ちにしながら、本日はこれにて失礼いたします。

2月

3日ごろに「節分」、4日ごろに「立春」を迎え、暦の上では春が始まります。19日ごろに「雪が雨に変わるころ」という意味の「雨水（うすい）」が訪れます。

上旬

●立春の候 ●余寒の候 ●晩冬の候
●余寒お見舞い申し上げます。
●暦の上では春になりましたが、まだまだ余寒厳しい毎日がつづいております。
●残寒去りやらぬ日々でございますが…
●立春とは名のみの寒さがつづいておりますが…
●本格的な春の訪れが待ち遠しい昨今…

中旬

●春寒の候 ●梅花の候
●春まだ浅いこのごろでございますが…
●梅の香りに心はずむ季節となりましたが…
●寒さの中にも春の兆しが感じられるころとなり…

下旬

●解氷の候 ●春寒ようやくぬるみ…
●木々の芽も、すっかり春支度をととのえたようでございます。
●ひと雨ごとに気のせいか春めくような…
●ようやく日足も延びてきたようで…
●桃の節句も近づき、心なしか寒さもゆるんできたような気がいたします。

結びのあいさつ

●余寒厳しきおりから、どうぞくれぐれもご自愛ください。
●寒の戻りで冷え込む日もございます。おかぜなど召しませぬように。
●雪どけも間近、あなたにすばらしい春が訪れますように。
●季節の変わり目でございます。おかぜなど召しませぬようにご留意ください。

3月

陽光やわらかくなる3月は、6日ごろ、「冬ごもりしていた虫が土の中から出てくるころ」という意味の「啓蟄（けいちつ）」を迎えます。そして21日ごろに春分（彼岸の中日）を迎え、徐々に昼間のほうが長くなり始めます。

上旬

- 早春の候
- 春暖の候
- 春寒もようやくぬるみ、本格的な春の到来を迎えました。
- ようやく春めいて、木々の芽もふくらみ始めてまいりました。
- 桃の節句も過ぎ、寒さもようやくゆるんできたようですが…
- やわらかな春の日ざしが心地よい季節を迎えました。

中旬

- 春霞のただようころとなりましたが…
- 野山も雪どけを始め、水ぬるむ季節を迎えました。
- ひと雨ごとに春が近づいてくるころとなりました。
- 三寒四温という言葉を実感するこのごろでございます。
- 日ざしのやわらかさに、待ちかねた春の訪れを感じるこのごろでございます。

下旬

- 春分の候
- 春光うららかな好季節となりました。
- 桜前線の北上に、春の訪れを感じるこのごろ…
- 暑さ寒さも彼岸までと申しますが、お彼岸を過ぎてめっきりあたたかくなってきたようですね。
- 気まぐれな天気がつづきますが…
- やわらかい色の洋服にそでを通したくなる季節ですね。

結びのあいさつ

- まだまだ朝晩は冷え込みがつづきますが／寒暖定まらぬ毎日がつづきますが、お体には十分お気をつけください。
- 季節の変わり目ですので、どうぞくれぐれもご自愛ください。
- 花冷えの季節、どうぞご自愛のほどを。

4月

5日ごろ、「草木の芽が萌え出すころ」という意味の「清明（せいめい）」を迎える4月。まさに新年度、入学、就職など、生活においても新しい芽が息吹く季節です。また20日ごろ、「穀雨（こくう・春雨で穀物の発芽を促すころ）」となります。

上旬

- 陽春の候
- 桜花の候
- 春爛漫の候
- 仲春の候
- 桜花爛漫の好季節となりました。
- 春陽まぶしい毎日がつづいておりますが…
- 春の気配もようやくととのい、おすこやかにお過ごしのことと存じます。
- お花見のニュースに心浮き立つ季節を迎えましたが…
- すっかりあたたかくなり、春たけなわを実感する毎日です。

中旬

- 桜の花びらが風に舞うこのごろ…
- 新年度（新生活）が始まり、気分も新たにご活躍のことと存じます。
- 春眠暁を覚えずと申しますが…
- 春風に誘われて、外出の機会も多くなりました。

下旬

- こぬか雨に、過ぎ行く春を惜しむこのごろでございますが…
- あたたかい春の日ざしが心地よい季節となりました。
- 葉桜も過ぎ、風が初夏の香りを運んでくるような気がします。
- いよいよプロ野球も開幕ですね。

結びのあいさつ

- 季節の変わり目、どうかご自愛ください。
- そちらの花便りもぜひお聞かせください。
- 花冷えの季節でございますので、お体にはくれぐれもご留意ください。
- ゆく春を惜しみつつ、まずはご連絡まで。

5月

新緑の季節である5月は、6日ごろ「立夏」を迎え、暦の上では夏となります。21日ごろには、「小満（しょうまん・陽気がよくなり万物が満足する気候）」と呼ばれる節気に。

上旬

- 薫風の候　●残春の候
- 惜春の候　●立夏の候
- 風薫る五月となりましたが…
- 若葉を渡る風がすがすがしいこのごろ…
- 五月晴れの空に、こいのぼりが力強くたなびいています。
- 新緑のにおい立つ好季節を迎えました。

中旬

- 新緑の候　●初夏の候
- 新緑がすがすがしい季節となりましたが…
- 澄み渡る五月の空が心地よいこのごろ…
- 初夏の日ざしが目にまぶしいころ…
- いつの間にか、日ざしも風も夏めいてまいりました。
- 気持ちのいい五月晴れの日がつづいておりますが…

下旬

- 街路樹の緑が、日に日にその濃さを増すこのごろ…
- 夏を思わせるような陽気がつづいておりますが…
- 吹き抜ける風に、初夏の香りを感じるころとなりました。
- 街行く人にも、半そで姿が目立つ季節となりました。

結びのあいさつ

- 薫風に誘われるようにして、筆をとりました。また近々ご連絡いたします。
- 向暑のおりから、ご家族の皆様のご健勝をお祈り申し上げます。
- 夏に向け、お互い体調管理に注意いたしましょう。
- 寒暖の差がはげしい季節、くれぐれもご自愛ください。
- 梅雨入りも間近になりました。お体にはくれぐれもお気をつけください。

6月

じめじめした梅雨の季節です。6日ごろ、「芒種（ぼうしゅ・穀物の種をまくころ）」を迎え、22日ごろ、一年で最も昼間が長くなる「夏至」を過ぎると、いよいよ本格的な夏へ向かいます。

上旬

- 初夏の候
- 麦秋の候
- 入梅も間近になりましたが…
- 木々の緑もいちだんと色濃くなってまいりました。
- 梅雨前線が近づいてきたようですね。
- 梅雨入りのニュースが気になるこのごろ…

中旬

- 入梅の候
- 霖雨の候　●薄暑の候
- 霖雨に濡れたあじさいがひときわ鮮やかに輝いております。
- 梅雨の晴れ間の青空はすっかり夏の色になっているようです。
- 雨のおかげで新緑もひときわ色鮮やかで…
- 雨上がりのあじさいの美しさは、この季節ならではの味わいです。

下旬

- 向暑の候…
- 梅雨明けが待ち遠しいこのごろでございますが…
- 梅雨明けの空がまぶしく輝く季節となりました。
- 長かった梅雨も明け、一気に夏の気候になりましたね。
- 梅雨明けとともに、傘も雨傘から日傘にかえました。

結びのあいさつ

- 梅雨冷えのおり、御身お大切になさってください。
- 外回りのお仕事の方にとっては、つらい時期でしょうが、天候に負けずにますますご活躍ください。
- 梅雨寒がお体に障るのではないかと案じております。どうぞくれぐれもご自愛くださいますよう。

7月

本格的な暑さを迎える七夕の季節です。7日ごろ迎える「小暑（しょうしょ・暑さが厳しくなるころ）」から、次の節気である23日ごろの「大暑（たいしょ・一年で最も暑い時期）」までが「暑中」となります。

上旬

● 仲夏の候
● 梅雨もようやく明け、夏本番を迎えました。
● 梅雨明けの暑さが、ことのほか身にこたえるころとなりましたが…
● このところ急にお暑くなりましたが…
● まもなく七夕ですね。今年は、星空は望めるでしょうか。

中旬

● 盛夏の候
● 炎暑の候
● 暑中お見舞い（お伺い）申し上げます。
● 暑さ厳しきおりではございますが…
● 夏木立の緑濃く、木もれ日も輝くころとなりました。
● 青空に入道雲がわいて、夏真っ盛りとなりました。

下旬

● 大暑の候
● 炎暑しのぎがたい毎日がつづいておりますが…
● 焼けつくような日ざしの毎日ですが…
● せみの声が盛んに聞こえてくる季節となりました。
● 花火の音が聞こえる季節となりました。
● 生ビールがことのほかおいしく感じられる季節となりました。

結びのあいさつ

● 厳しい暑さに向かいますおりから、お体にはくれぐれもお気をつけください。
● ご健勝にて夏を乗り切られますよう、お祈り申し上げます。
● 夏かぜなどお召しになりませんよう、お大事になさってください。

8月

夏休みの季節。中旬ごろまでは夏祭りや盆踊りでにぎわいますが、8日ごろに「立秋」を迎え、暦の上では秋が始まります。そして23日ごろの「処暑（しょしょ・夏の暑さのやむころ）」を過ぎたあたりから、夏の終わりの気配が漂い始めます。

上旬

● 晩夏の候
● 残夏の候　● 立秋の候
● 暦の上ではまもなく秋を迎えますというのに、しのぎがたい暑さがつづいております。
● 炎暑お見舞い申し上げます。
● 猛暑日と熱帯夜の連続にいささかまいっておりますが…

中旬

● 初秋の候
● 秋暑の候
● 残暑お見舞い申し上げます。（立秋以降）
● 立秋とは名ばかりの残炎がゆらいでおりますが…
● 残暑厳しきおりではございますが…

下旬

● お盆を過ぎると、とたんに秋の足音が聞こえてくるような気がいたします。
● 猛暑もようやく峠を越したようで…
● 朝夕はいくぶん過ごしやすくなってまいりました。
● 夏も終わりを告げようとしていますが…
● そよめく風の中にも、かすかな秋の気配を感じるころとなりました。

結びのあいさつ

● 残暑厳しきおりから、ご自愛専一にお過ごしください。
● 夏バテなどなさいませんよう、くれぐれもご自愛ください。
● 当分は厳しい残暑がつづきそうな気配です。
● 夏のお疲れが出ませぬよう、お体を大切になさってください。
● 本格的な秋の到来を心待ちに、まずは残暑のお伺いまで。

9月

上旬は夏のなごりの暑さがつづきますが、暦の上では、8日ごろ、「秋の気配が著しくなる」という意味の「白露（はくろ）」を迎えます。そして20日ごろにお彼岸に入り、23日ごろ「秋分」を過ぎると本格的な秋へ。

上旬

- 初秋の候
- 新秋の候　●野分の候
- 暑さ去りやらぬ昨今ですが…
- 初秋を迎え、朝夕はだいぶしのぎやすくなってまいりました。
- 台風一過の空が、今日はことのほか青く澄んで…
- 空も、風も、ようやく秋色を帯びてきました。

中旬

- 秋涼の候
- 涼風の候　●爽秋の候
- 爽秋の好季節を迎え、皆様にはいよいよご清祥のこととお喜び申し上げます。
- 厳しかった残暑もようやく去り、本格的な秋の気配がただようころとなりました。
- 肌をなでる秋風が心地よい季節となりましたが…
- 日増しに秋の深まりを感じるころとなりました。

下旬

- ひと雨ごとに秋の気配が深まるこのごろですが…
- 虫の音にも秋の深まりを感じる季節となりましたが…
- 暑さ寒さも彼岸までと申しますが…
- さわやかな秋日和がつづいておりますが…

結びのあいさつ

- さわやかな秋を満喫なさいますよう、お祈りいたしております。
- 朝夕はめっきり涼しくなってまいりました。おかぜなど召しませぬように、くれぐれもご自愛ください。
- 季節の変わり目、十分お気をつけください。

10月

秋晴れのすがすがしい時期。暦の上では、9日ごろに「寒露（かんろ・初冬の冷たい露の宿るころ）」を迎え、季節は晩秋へ。そして24日ごろ「霜降（そうこう・霜の降りるころ）」となり、しだいに冬の足音が聞こえ始めます。

上旬

- 秋冷の候
- 清秋の候　●秋涼の候
- 秋晴れのさわやかな日がつづいておりますが…
- 秋冷が爽快に感じられる、好季節となりました。
- 気持ちのいい秋風が吹き渡っております。
- 夜空に月が冴え渡るころとなり、秋たけなわを実感しております。

中旬

- 錦秋の候
- 錦繍の候　●寒露の候
- 錦繍の名にふさわしい、美しい紅葉が楽しめる季節となりました。
- 野山が秋の色に染まり始め、秋も深まってまいりました。
- 朝夕はかなり冷え込むようになりましたが…
- 虫の音に、秋の深まりを感じるころとなりました。

下旬

- 秋の気配がいっそう色濃くなってきました。
- いちょうの葉が金色に染まり、秋もいよいよ暮れようとしています。
- 秋の夜長、いかがお過ごしでしょうか。
- 冷たい秋風が身にも心にもしみ渡る、しみじみとした季節となりました。

結びのあいさつ

- 秋冷の加わる季節、お体にはくれぐれもお気をつけください。
- 紅葉に彩られる好季節を、おすこやかにお過ごしください。
- 秋冷のつのる昨今ですので、どうぞくれぐれもご自愛のほどを。
- 日増しに肌寒くなってまいります。どうぞお体に気をつけて。

11月

秋も深まり、冬仕度を始める季節です。8日ごろ「立冬」となり暦の上では冬が始まり、23日ごろには「小雪（しょうせつ・北風が強くなるころ）」がやってきて、いよいよコートが必要な季節へと移行していきます。

上旬

- 晩秋の候
- 向寒の候　● 暮秋の候
- 日に日に秋が深まり、暮秋というにふさわしい気候となりましたが…
- 朝夕の冷え込みも厳しくなってまいりましたが…
- 陽だまりの恋しい季節となりました。
- 菊花の香り高い季節となりました。
- 暦の上では冬を迎えたものの、おだやかな秋の日がつづいております。

中旬

- 初霜の候
- 日一日と冷気が加わる季節となりましたが…
- 冬が駆け足で近づいているように感じるこのごろ…
- めっきり日足も短くなりましたね。

下旬

- 寒気の候
- 深冷の候
- 冬も間近となりましたが…
- 吐く息も白く、冬の到来を感じるようになってまいりました。
- 街行く人の装いも、いつのまにかすっかり冬支度です。
- 街路樹の葉が、こがらしに舞う季節となりました。

結びのあいさつ

- 向寒のみぎり、おかぜにはくれぐれもお気をつけください。
- そろそろ冬支度でお忙しいこととは存じますが…
- 寒気厳しくなるおりではございますが…
- 年末に向けて、ご多忙な時期とは存じますが…

12月

いよいよ年の瀬。7日ごろに「大雪（たいせつ・平地にも雪が積もるようになる）」となり、すっかり冬の空気に包まれます。そして22日ごろの「冬至（一年で最も昼の短い日）」から日はぐっと短くなります。

上旬

- 師走の候
- 歳末の候
- 初冬の候
- 師走を迎え、ますますご多忙にてご活躍のことと存じます。
- 寒気が日ごとにつのってまいりました。
- 今年のカレンダーもとうとう残り一枚となりました。
- 吹く風の冷たさが身にしみる季節となりましたが…

中旬

- 初雪の候
- 霜寒の候
- 師走も半ばとなり、お忙しい毎日をお送りのことと存じます。
- 寒気厳しい中、いよいよ年の瀬も迫ってまいりました。
- 光陰矢のごとしと申しますが、ほんとうにあっという間に一年が過ぎ去ろうとしています。

下旬

- いよいよ年の瀬も押し迫ってまいりましたが…
- あわただしく一年の幕がおりようとしていますが…
- お忙しい時期に恐縮ですが、ぜひ本年中にご連絡をと思い、一筆申し上げます。
- 行く年を惜しみつつ、新しい年が待ち遠しいころとなりました。
- 本年も残すところわずかとなりました。

結びのあいさつ

- 気ぜわしい毎日ですが、お体には十分お気をつけください。
- 年の瀬も迫り、お仕事もご多忙の時期とは存じますが…
- 新しい年も幸多い年になりますよう、お祈りいたします。
- 来年もどうぞよろしくお願い申し上げます。

主文

「起こし言葉から本文へ」

「相手に語りかけるように」を意識

　主文は、「起こし言葉」と、用件を述べる「本文」で構成されます。「起こし言葉」はあいさつから、「本文」へとスムーズにつなげるための言葉です。「ここからが本題ですよ」と相手に知らせるサインになります。「さて」が基本ですが、「ところで」「実は」「さっそくですが」「承るところによりますと（人づてに知らせを聞いているとき）」なども使えます。「さっそくですが、先日ご連絡した件につきまして」「さて、突然ですが」など、状況に合わせてアレンジしていくとよいでしょう。

　また「本文」は、用件が相手にしっかり伝わることがたいせつ。あらたまった相手や用件の手紙だからといって、特別難しい言葉を使う必要はありません。相手に語りかけるようなつもりで書いてみましょう。

末文

「結びのあいさつ」

最後に思いやりを添える

　末文は、用件を締めくくる結びのあいさつです。会話でも別れぎわのひと言は心に残るもの。「さようなら」の前に「では、またね」「それではお元気で」と言うのと同じように、手紙でも最後に内容を総括するあいさつを書きます。最後に相手を思いやる気持ちを添えてから、手紙を結ぶとよいでしょう。また時候のあいさつに合わせた季節ならではの結びのあいさつも効果的です。（20～25ページ「時候のあいさつ」文例参照）

結びのあいさつ文例

●相手の健康や活躍を祈る言葉

- 時節がらどうぞご自愛ください。
- 皆様のご健勝を心よりお祈りいたします。
- ますますのご活躍をお祈りいたします。
- 末筆ながらご家族皆様のご健康を心よりお祈り申し上げ、御礼／ご報告／ごあいさつとさせていただきます。（儀礼的な手紙の場合）
- 天候不順のおりから、御身お大切に。

●よろしくで締めくくる言葉

- 皆様によろしく（お伝えください）。
- 末筆ながらご主人様にもよろしくお伝えください。
- これからもよろしくお願い申し上げます。
- 右、よろしくご配慮ください。

●今後につながる言葉

- また近いうちにお便りさせていただきます。
- またお会いできる日を楽しみにしております。
- 後日、あらためてご連絡いたします。
- 今後ともどうか変わらぬご厚誼／ご指導／ご芳情のほど、心よりお願い申し上げます。（事務的な手紙の場合）
- どうか末永くご指導賜りますようお願い申し上げます。

●用件を総括する言葉

- まずはとり急ぎご報告まで。
- （右、）とり急ぎお礼まで。
- 略儀ながら書中をもって御礼申し上げます。
- 失礼とは思いつつ書中にてお願い申し上げます。

●返信を頼む言葉

- お手数ですが、折り返しご返事いただければ幸いです。
- ご多用中恐縮ですが、ご意見を賜りたく存じます。
- 恐縮ですが、お返事をお聞かせください。
- 準備の都合上、出欠をお知らせください。

●乱文・乱筆をわびる言葉

よく使われる謙譲的な表現ですが、文章のとりとめのなさや個性的な筆跡は、手紙ならではの味わい。どうしても気になるときだけ一文添えて。

- 乱筆拙文（乱文）お許しください。
- 長々と書きつらね、申しわけなく存じます。

「まとまりよく見える封筒の書き方」

和封筒の書き方

表書き

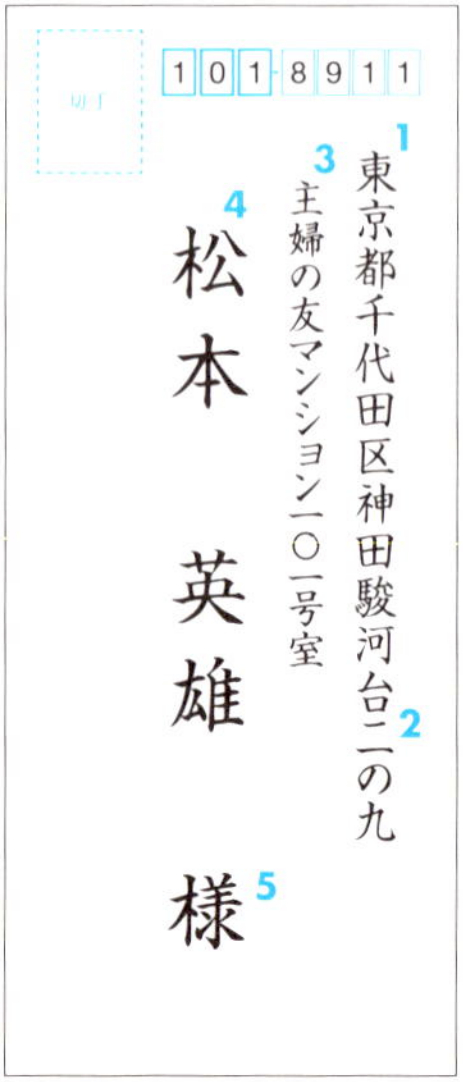

裏書き

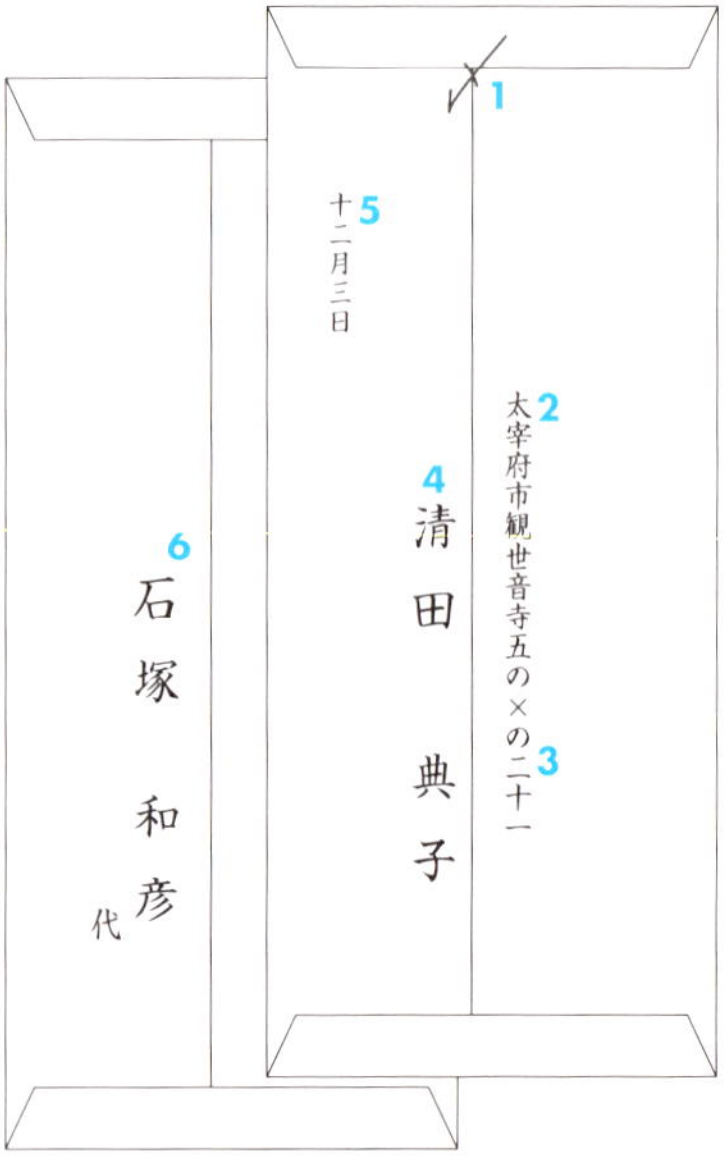

1 住所は郵便番号のわくの右二つ分の幅で書くつもりで。わくから1センチほど下から書き始める。

2 数字は漢数字で。枝番などは「ノ」「—」ではなく、「の」でつないだほうが、誤読が少ない。

3 2行目は1行目より少し下げて。マンション名などは小さめの字で書くときれい。

4 あて名は大きめの字で中央に。郵便番号のわくより左にはみ出さないよう気をつける。

5 あて名は住所より下で終わるようにすると安定感が出る。連名の場合はそれぞれに「様」をつける。

1 封じ目には「〆」と書くのが一般的。シール類はあらたまった手紙には使わない。

2 封筒の合わせ目の右に自分の住所、左に名前を書くのが正式だが、全体に左に寄せてもよい。住所は封筒の半分よりやや上から書き始め、なるべく1行で終わるようにする。

3 漢数字で住所を書く場合、21を「二一」と書くと「三」と誤読する危険があるので注意。

4 署名は住所より大きめの字で。

5 日付は封筒の左上に。

6 代筆の場合は、名前の左下に小さく「代」と入れる。妻が夫の代筆をする場合は「内」と書くこともある。

洋封筒の書き方

縦書き

表書き

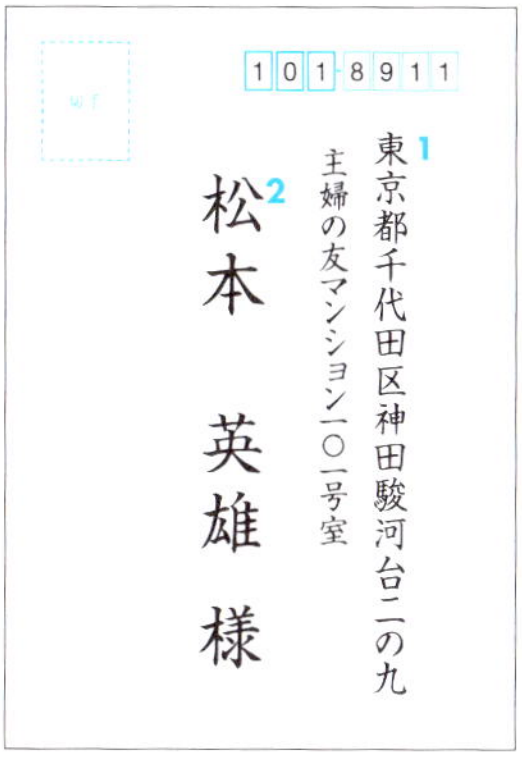

1 和封筒にくらべ横幅があるので、住所もやや中央に寄せて。郵便番号のわくの右から2〜3番目の位置から書き始めるのが目安。

2 あて名は封筒の中央に。

表書き

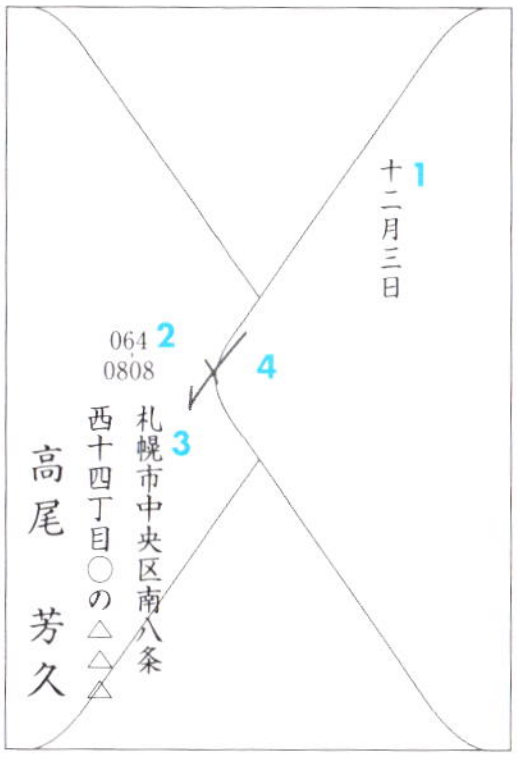

1 日付は右肩が基本だが、左肩に入れてもよい。

2 郵便番号を手書きにするときは、3けたと4けたを縦につなぐとおさまりよく見える。

3 住所と署名は封筒の左下に寄せて。

4 和封筒の場合と同様に「〆」と書く。

横書き

表書き

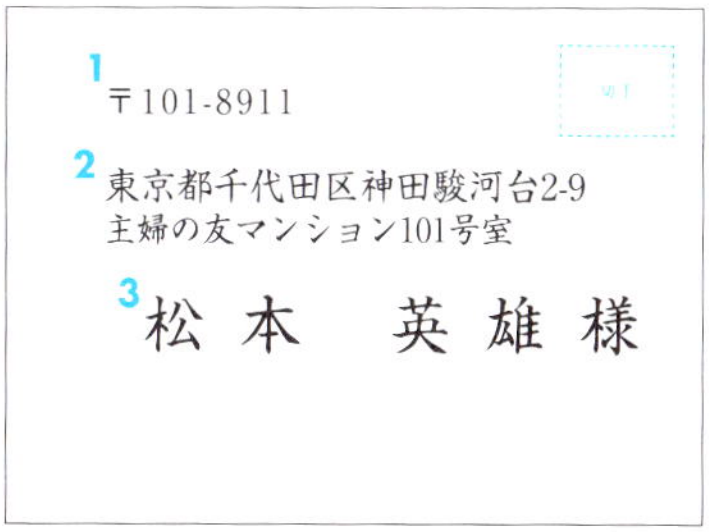

1 郵便番号を手書きするときは住所と頭ぞろえで。

2 住所は封筒の上半分におさまるように書く。数字は算用数字を使う。

3 あて名は封筒の中央に書くのが基本だが、横書きの場合はこころもち下に寄せると安定感がある。

裏書き

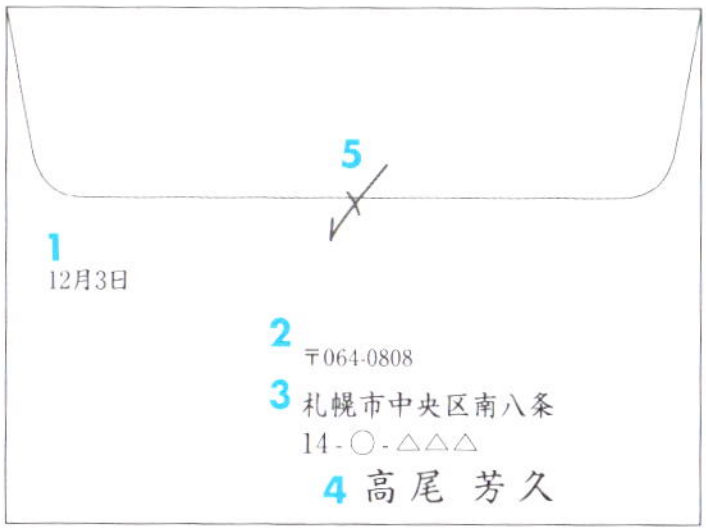

1 日付は封じ目の左下に。

2 郵便番号は小さく1行で。

3 住所は封筒の下3分の1程度におさめる。

4 署名は住所より大きい字で、住所と右端をそろえるようにまとめる。

5 洋封筒横書きの場合は「〆」は入れなくてもよい。

2 はがきの書き方

「はがきの基本形式」

前文→主文→末文という文面の流れは、手紙と同じです。ただ、スペースに限りがあり、封書より略式という認識が相手にもあるので、「拝啓」などの頭語や時候のあいさつは省いてもよく、末文も「まずは御礼（ご報告）まで」でOK。後付けは不要です。

8〜10行にまとめるつもりで書きます。文字や列が斜めになったり、行間がふぞろいになったりしないように注意しましょう。

縦書きの書き方

前文

拝啓[1]　初冬の候[2]、貴社の皆様におかれましてはますますご隆盛のこととお喜び申し上げます。

主文

さて[3]、このたびはけっこうなお歳暮をご恵贈いただきまして、まことにありがとうございました。暮れを迎えますのになによりの品で、家族一同うれしくちょうだいしております。

末文

今後ともいろいろとお世話になることと存じますが、どうか倍旧のお引き立てを賜りますようお願い申し上げます。

敬具[4]

1 右端を1センチ弱あけて書き始める。頭語から始めるときは行頭から、頭語を省くときは1字下げ。

2 時候のあいさつは「○○の候」程度の簡単なものに。

3 新しい段落に移るときは、改行して1字下げる。主文は「さて」「ところで」などの言葉で始め、用件を簡潔にまとめる。

4 行末から1字分上で終わるように。

横書きの書き方

[1]お変わりありませんか？　私はいま、友人と北海道を回っています。
　昨日は釧路でホーストレッキングを楽しんできました。「どさんこ」という種類の馬に揺られながら、５時間釧路湿原を歩くというツアーで、北海道の自然を存分に堪能しました。近くのサロマ湖で食べたカキが絶品で、[2]あなたにもぜひ召し上がっていただきたいと、[3]本日わずかですが宅配便にて送りましたのでお試しください。○日には到着するそうです。

　帰ったら連絡します。
[4]ではまた

12～15行にまとめると読みやすくなります。横書きは縦書きよりもカジュアルな印象になるので、儀礼的なお礼やあいさつ向きではありません。

1　旅先からということもあり、時候のあいさつなどは省いてもよい。
2　お土産を送るような場合は、押しつけがましくない理由をつけて。
3　何を、いつ送り、いつごろ届くのか、なるべくくわしく。
4　親しい間柄の場合は、このような終わり方でもOK。

「往復はがきの書き方」

返事がほしい場合に重宝するのが往復はがきです。ただし、結婚披露宴など正式な会の招待状や案内状は、封書にして別に返信用のはがきを同封する形式をとります。往復はがきを使うのは、たとえば同窓会、忘年会、親戚に出す法要の案内など、「気軽に相手の返事を請う」ような場合に限られます。

往信通信面

[1]年の瀬を迎え、[2]毎年恒例・○○高校旧307の忘年会の季節がやってまいりました。担任の岡崎先生は来春でご退職とのことで、今回は、先生を囲んでなごやかに過ごしたいと下記のように企画しました。皆様お忙しい時期とは存じますが多数のかたのご出席を期待しています。

なお、[3]出欠は返信はがきで12月10日までにお知らせください。

[4]記

[5]
日時　12月30日（水）18時～
場所　目黒「Ｊクラブハウス」
（☎03-XXXX-1234）
[6]※目黒駅前○○ビル２Ｆ
会費　6000円
幹事　橋本信博（☎090-123-XXXX）
菊池理恵（☎03-XXXX-9999）

1 時候のあいさつなどは最小限に。相手が友人なので頭語も省略。
2 何の通知かすぐわかるように。「忘年会のお知らせ」とタイトルをつけても○。
3 出欠の確認方法を忘れずに。
4 情報部分は「記」としてまとめる。
5 本文より1～2字下げて始める。
6 会場の住所のかわりに、目印を書いてもＯＫ。

返信通信面

[1]12月30日の旧307忘年会に

[2]出席
欠席

[3]欠席のかたはご近況を！

住所　〒
氏名

勤務先／役職
電話
（勤務先）
（自宅）
（携帯）
[4]※最新名簿作成中。ご協力ください。

1 切り離しても内容がわかるよう、返信面にも用件を明記。
2 友人関係なら「ご出席」などの敬称は省略可。
3 同期会などの場合は近況を書く欄を。
4 役職や電話番号などを尋ねるときは、さりげなく理由を添えて。

出欠席の返信はがきの書き方

表書きの訂正

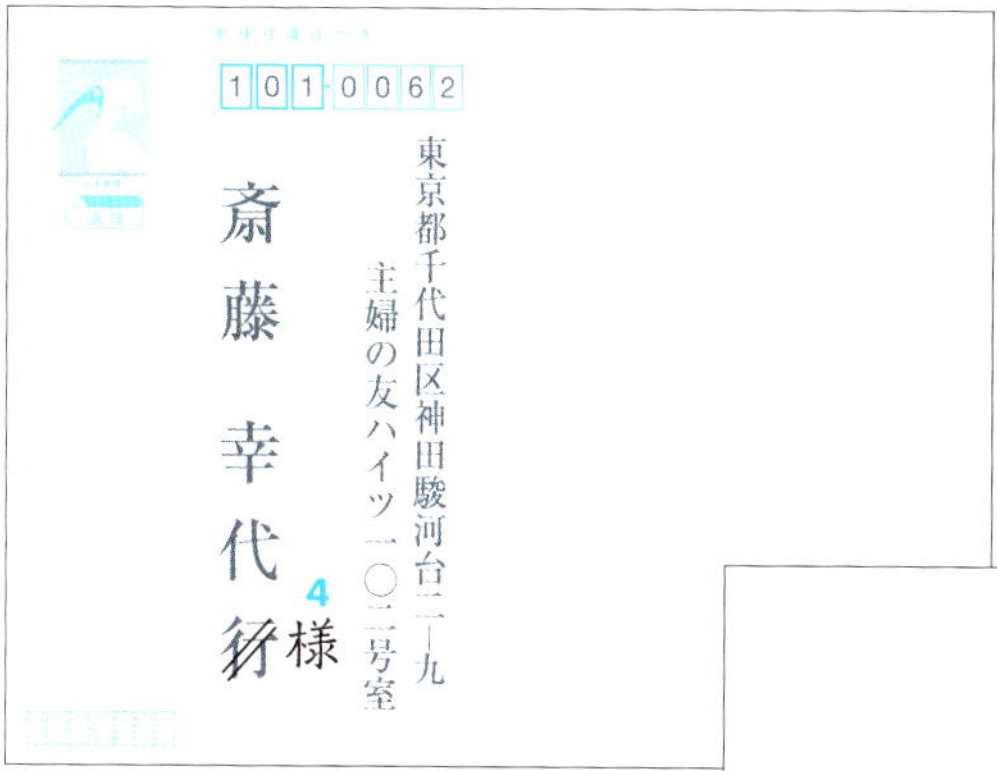
101-0062
東京都千代田区神田駿河台二-一-九
主婦の友ハイツ一〇二号室
斎藤 幸代 行 様
4

出席の場合

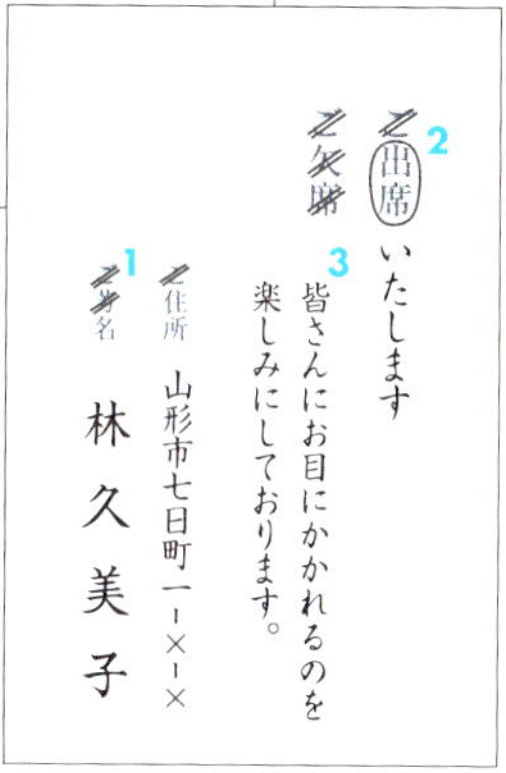
2
出席 いたします
欠席
3
皆さんにお目にかかれるのを楽しみにしております。
1
住所 山形市七日町一-×-×
名 林 久美子

1 「ご」「御」の敬称をすべて消す。「ご芳名」は「ご芳」まで敬称なので注意。

2 「出席」「欠席」のいずれかを丸で囲む。「いたします」と書き添えるとさらによい。

3 自筆でメッセージを書き添えると、さらに温かみが出る。

4 表書きのあて名の下にある「行」を「様」と書き改める。あて先が会社や団体の場合は「御中」。

絵はがきの書き方

縦書き

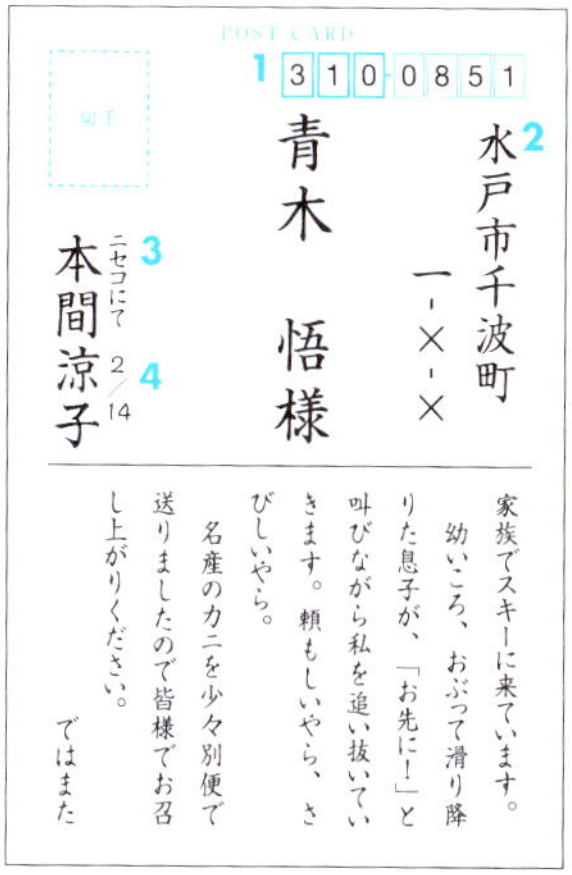
POST CARD
1 310-0851
2 水戸市千波町 一-×-×
青木 悟様
3 ニセコにて
本間涼子
4 2/14
家族でスキーに来ています。幼いころ、おぶって滑り降りた息子が、「お先に!」と叫びながら私を追い抜いていきます。頼もしいやら、さびしいやら。

名産のカニを少々別便で送りましたので皆様でお召し上がりください。

ではまた

1 郵便番号わくがないときは、住所の上部に書く。3けたと4けたに分けると、縦書きの住所とバランスがよくなる。

2 縦のスペースが短いので、配置を考えてから住所を書き始めるのがコツ。

3 旅先から出す絵はがきでは、差出人の自宅住所は書かないのが一般的。返送がきかないので、あて先をきちんと正しく書くことが肝心。

4 日付は消印で代用することにしてもよい。入れるとしても簡単に。

3 言葉づかいのマナー

［尊敬語と謙譲語の使い分け］

尊敬語のパターン
～相手の物事や動作を尊敬する

●動詞（動作）の尊敬表現

1尊敬語独自の表現を使う（左ページ表）

言う→おっしゃる
来る→いらっしゃる

2「お（ご）○○になる」／「お（ご）○○くださる」という言い方を使う

1のように独自の表現がない動詞一般に広く使える用法です。

書く→お書きになる
→お書きくださる
到着する→ご到着になる

3「れる・られる」をつける

聞く→聞かれる

ただし、「見られる」「言われる」など「○○できる」（可能）、「○○された」（受け身）という言い方もあるので、ほかの言い方があるならば（見られる→ごらんになる、言われる→おっしゃる など）そちらを使うほうがよいでしょう。

●名詞・形容詞の尊敬表現

1「お」「ご」を頭につける

家族→ご家族　美しい→お美しい

ただし外来語にはつけません。

ビール→×おビール

2「貴」「芳」などの美称をつける

［貴］会社→貴社　手紙→貴信
［芳］名前→ご芳名　気持ち→ご芳志
［高］見る→ご高覧　考える→ご高察

謙譲語のパターン
～自分の物事や動作を謙遜する

●動詞（動作）の謙譲表現

1謙譲語独特の表現を使う（左ページ表）

食べる→いただく　聞く→伺う

2「いたします」「申し上げます」をつける

連絡します
→ご連絡いたします
→ご連絡申し上げます

3頭に「拝」をつける

「拝」とは「つつしんで」の意味です。

見る→拝見
受けとる→拝受　聞く→拝聴

●名詞の謙譲表現

自分にかかわる名詞には「弊」「小」など、へりくだる意味の謙称をつけます。

［弊］会社→弊社　店→弊店
［小］会社→小社　自分→小生
［拙］宅→拙宅　筆→拙筆
［粗］品→粗品　菓子→粗菓

敬語の言い換え方

基本の言い方	尊敬語（相手の動作を表す）	謙譲語（自分の動作を表す）
言う	おっしゃる／言われる	申し上げる／申す
行く	いらっしゃる／おいでになる	参る／伺う／参上する 上がる
思う	お思いになる／思われる	存じる
聞く	お聞きになる／聞かれる／（～が）お耳に入る	伺う／拝聴する／承る お聞きする
来る	いらっしゃる／おいでになる 見える／来られる／お見えになる	参る
知る	ご存じだ／お知りになる／知られる	存じる／存じ上げる／承知する
する	なさる／される	いたす
食べる	召し上がる／あがる／お食べになる／食べられる	いただく／ちょうだいする
見る	ごらんになる／見られる	拝見する
もらう	お受けになる	いただく／ちょうだいする／賜る／拝受する
読む	お読みになる／読まれる	拝読する

「忌み言葉とじょうずな言い換え方」

忌み言葉とは？

結婚祝いに添える手紙に「別れる」と書いたり、お悔やみ状に「まだまだ」と重ね言葉を使う……そんな用語上のタブーを忌み言葉といいます。あくまでも「縁起かつぎ」ではありますが、受けとる側が不吉や不快を感じるおそれのある言葉をわざわざ使うことはありません。TPOに合わせて言葉を選び、ほかの表現に言い換えていきましょう。

●**婚約・結婚**―別離や繰り返しの連想を避ける
別れる／去る／終わる／切れる／戻る／離れる／破れる／割れる／壊れる／飽きる／枯れる／冷える／出る／放す／薄い／短い／重ね重ね／再び／再度／近々／ますます／繰り返す／おいとま
［言い換え例］　×**新スタートを切る**→○**新生活が始まる**　×**日に日に冷え込んで**→○**秋も深まって**

●**懐妊・出産**―流産・死産がいちばん不吉
失う／消える／流れる／落ちる／死ぬ
［言い換え例］　×**月日の流れは早いもので**→○**もう結婚2年になるとは早いですね**

●**長寿・記念日祝い**―死や病気に関する言葉は避ける
終わる／途切れる／やめる／枯れる／衰える／朽ちる／倒れる／寝る／折れる

●**開業・開店**―「倒産」にまつわる言葉はタブー
倒れる／つぶれる／衰える／行き詰まる／閉じる／失う／破れる／焼ける／燃える／火／赤い（赤字を連想させるため）

●**新築・落成祝い**―火事や災害を連想させる言葉は使わない
火／煙／焼ける／燃える／倒れる／流れる／飛ぶ／傾く／つぶれる

●**お見舞いの手紙**―苦しみや死、ネガティブな表現は避ける
死／苦しい／滅びる／枯れる／落ちる／壊れる／終わる／別れる／長引く／悪い／繰り返す／再び／不幸中の幸い／せめてもの救い
［言い換え例］　×**仕事が長引きお見舞いにも伺えず**→○**仕事の都合でお見舞いがかなわず**

●**お悔やみの手紙**―繰り返しの言葉は厳禁。死を直接的にあらわす表現も避ける
重ね重ね／また／再三／くれぐれも／たびたび／しばしば／返す返すも／さらに／つづく／死／死去／死亡／生存／存命中／ご遺族
［言い換え例］　×**くれぐれもお体をたいせつに**→○**どうぞご自愛ください**

第2章

短い手紙・はがき・一筆箋 文例集

1 送り状、品物を贈るときの添え状

1 お中元を贈る

基本 知人への一般的な送り状〈男・女・手・は〉

[1]拝啓　[2]暑さも一段と厳しくなってまいりましたが、皆様にはお変わりなくお過ごしのことと存じます。
さて、本日はお中元に[3]心ばかりの品を[4]宅配便でお送りいたしました。[5]日ごろの感謝のしるしとして、ご笑納ください。

これからも暑さが増しそうですが、どうぞ皆様ご自愛くださいますように。
[6]敬具

1 男女を問わず使える、最もオーソドックスな書き出し。**2** お中元やお歳暮は季節のあいさつを兼ねたものなので、時候のあいさつは必ず入れる。**3** 先方が負担に感じないよう、品物についてはさらっとふれる程度にする。つまらないものですが、などあまりにへりくだるのは現代では不自然。**4**「別便で」でもよいが、どこからどう送ったかを書いたほうが、先方に親切。**5**〈お中元でよく使われる言い回し〉●ささやかではございますがお中元のしるしに…●平素のご無沙汰のおわびに…●お中元のごあいさつがわりに心ばかりの品をお届けいたしました。●気持ちばかりの品ですが、お中元のしるしまでにお納めいただければ幸いです。**6** 女性の場合は「かしこ」でも。

◎仲人夫妻へ〈男・女・手・は〉

拝啓　暑さも日ごとにつのってまいりました。お二方様にはご清祥にお過ごしのこととお喜び申し上げます。私どももおかげさまで大過なく暮らしております。

つきましては、日ごろの感謝のおしるしまでに、本日気持ちばかりの品を○○デパートから送らせていただきました。[1]本来ならば持参してごあいさつ申し上げるべきところ、失礼をお許しください。

時節がらどうかご自愛ください。　敬具

1 先方に出向いて手渡すのが正式。目上の人へは略式をわびるひと言を。

◎夫の会社の上司に妻から〈女・手・は〉

例年にない暑い日がつづきますが、いかがおしのぎでしょうか。

平素は、[1]主人がひとかたならぬお世話になり、ありがとうございます。なにかにつけお心にかけていただき、ご厚情深く感謝するしだいです。

本来ならば感謝のごあいさつに伺うべきところでございますが、お忙しい時間をさいていただくのも心苦しく、別便にてお中元の品をお送りいたしましたのでお納めください。

向暑のみぎり、いっそうのご自愛を心よりお祈り申し上げます。

かしこ

1 夫の仕事関係者への手紙では、仕事の内容にはくわしくふれない。

◎8月に入ってから恩師に贈る〈男・女・手・は〉

[1]暑中お見舞い申し上げます。

昨年の同期会以来ご無沙汰をしておりますが、先生には日々ご壮健でご活躍のこととお喜び申し上げます。

本日は暑中お伺いのしるしに、月並みではございますがビールを一箱お送りいたしました。先生の豪快な飲みっぷりを思い出し、また近々ごいっしょする機会があればと願っております。

酷暑のおり、くれぐれもお体をたいせつになさってください。

1 お中元は6月下旬から7月15日までに贈るのが普通。遅れてしまったときは「暑中お見舞い」「暑中お伺い」とする。

◎伯父夫婦に帰省の予告を兼ねて〈男・女・手・は〉

拝啓　梅雨明けを待ちかねたように暑さがやってまいりましたが、伯父様伯母様にはお元気でお過ごしのことと存じます。

昨年は仕事の都合で帰省することができず、お墓参りもかないませんで失礼をいたしました。今年はなんとか休みもとれそうで、家族でまたおじゃましたいと思っております。騒がしいことと存じますが、どうぞよろしくお願いいたします。

さて、お中元とは名ばかりのものでお恥ずかしいのですが、お菓子を少々別便にてお送りいたしましたのでご受納ください。

では、お盆にお会いできるのを楽しみにしております。

敬具

基本 知人、ビジネス関係への送り状〈男・女・手・は〉

拝啓　年の瀬も押し詰まり、お忙しい毎日をお過ごしのことと存じます。1本年はなにかとお世話になり、まことにありがとうございました。

つきましては、日ごろのご芳情に感謝いたしまして、2お歳暮のしるしまでに○○をお送りいたしました。なにとぞお納めください。

3略儀ながら歳末のごあいさつまで。

敬具

1お歳暮は一年間お世話になったしるしとして贈るもの。そうした意味のひと言を。2〈お歳暮でよく使われる言い回し〉●歳末のごあいさつがわりに○○をお送りいたしました。●暮れのごあいさつに伺うべきところ、略儀ながら品物だけ送らせていただきます。●珍しくもございませんが、お正月にでもお召し上がりいただければと…●ひとかたならぬご厚情への感謝のしるしに、○○を別便で…3〈他の言い回し〉●向寒のおり、どうぞご自愛ください。●お元気で新年をお迎えになられますよう…●○○様にとって幸多き新年でありますよう心よりお祈り申し上げます。

◎子どもの習い事の先生に〈女・手・は・箋〉

本年も残すところわずかとなりました。いつも娘がお世話になり、ありがとうございます。飽きっぽい子で心配しておりましたが、先生のお教室だけはいやがらずに通っております。こうして楽しくレッスンをつづけられるのも先生のおかげと心よりお礼申し上げます。

つきましては、1一年の感謝のしるしに、心ばかりの粗品をお送りいたしましたので2ご笑納くださいませ。

今後ともどうぞよろしくお願いいたします。

かしこ

1「お歳暮」とはっきり書いてはぎょうぎょうしいとき、相手も受けとりにくいと思うときはこんな表現で。2翌年につなげるひと言を。

◎夫の両親に、帰省できないおわびを兼ねて〈女・手・は・箋〉

師走を迎え、お父様お母様もお忙しい日々をお過ごしのことと存じます。いつも心にかかりながらもご無沙汰を重ね、お電話もさしあげず失礼をいたしました。こちらは皆大過なく暮らしております。

　本日は、心ばかりですが暮れのごあいさつのしるしに、名産のイクラ醤油漬をお送りいたしました。[1]当地ではおいしいと評判の店の品ですので、ご賞味いただければ幸いです。当方は来春に浩一の受験を控え、今年は残念ながら帰省することができません。どうかお許しください。

　寒さ厳しきおり、お体に気をつけてよいお年をお迎えくださいませ。

かしこ

1 親しい間柄なら、品物の由来や評判を書き添えるほうが気持ちが伝わる。

◎知人に生鮮食料品を贈る〈男・女・手・は・箋〉

本年もいろいろお世話になり、ありがとうございました。お礼のしるしに、[1]海幸商店という店から活魚を少々届けさせる手配をいたしました。[2]お休みの日をねらい、○日(土)の午前中の配達指定にしましたので、ごめんどうでもご在宅いただくと助かります。かえってお手間をとらせるようで申しわけありませんが、よろしくお願いいたします。

　とり急ぎお知らせまで。

1 万一不在で通知票が届く場合、店の名前を書いておくと先方の予想がつきやすい。 2 生鮮食料品や冷凍品を送るときは、いつごろ到着するか早めに知らせるのが原則。

◎以後辞退する意味でお歳暮のお返しを贈る〈男・女・手・は〉

拝啓　寒気の候となりましたが、橋口様にはご健勝でお過ごしのことと存じます。

　さて、昨日[1]お歳暮の品を[2]拝受いたしました。思いもかけぬご配慮、恐縮しておりますが、こうした授受に関してはなにかと厳しいおりから、今後はどうかこのようなことをなさいませんよう、お願い申し上げます。

　橋口様の[3]ご厚情に感謝し、当方からも心ばかりの品を送らせていただきますので、どうかお受けとりください。

右、とり急ぎごあいさつまで。

敬具

1 以後辞退したいときは「けっこうな品」などのほめ言葉は書かない。 2 「ありがとうございました」「お礼申し上げます」という言葉も避ける。 3 断りの中にも相手を思いやるひと言を入れると印象がやわらぐ。

3 お祝いの品を贈る

◎姪の出産祝いにベビー服を贈る〈女・手・は・箋〉

このたびは無事ご出産おめでとう！
[1]かねてご希望どおりの男の子、また母子ともに健康だそうで安心しています。ふだん元気いっぱいの聡子さんのことですから、お体の回復もお早いとは思いますが、無理をせず静養に努めてください。
退院して落ち着いたら、一度赤ちゃんの顔を見に伺うつもりでおりますが、とりあえずお祝いのしるしに洋服を送ります。

では赤ちゃんにお目にかかれる日を楽しみにしています。

かしこ

1「跡継ぎ」「お世継ぎ」などの語は最近は使わない。

◎義妹に、子どもの入学を祝って〈女・手・箋〉

さやかちゃんのご入学おめでとう。これからはひとりで学校へ行って、ひとりでお友だちの家に行って……親としては楽になったような、寂しいような複雑な心境でしょう。一生懸命育児にとり組んでいた恵子さんをそばで見ていただけに、私も感慨ひとしおです。[1]まだまだ子育てはつづきますが、「よく頑張ったね」のひと言を恵子さんにおくります。

何かお祝いの品をと思いましたが、さやかちゃんのお好みもあるだろうと、わずかですが商品券を送ります。何か必要なものをそちらで買っていただければ幸いです。落ち着いたらこちらにもお出かけくださいね。

かしこ

1 親にあてての手紙には、お祝いだけでなくねぎらいの言葉を添えて。

◎知人の子どもの高校合格を祝って〈男・女・手・は〉

ご令息様がこのたびめでたく○○高校に合格なさいました由、心からお祝い申し上げます。[1]日ごろのたゆまぬご努力が実を結んでのこのご栄冠、ご両親様もさぞかしお喜びのことと拝察いたしております。

別便にて心ばかりのお祝いの品をお送りいたしましたので、ご笑納ください。

ご令息様のいっそうのご健闘をお祈りいたします。右、とり急ぎお祝いまで。


1〈他の言い回し〉●難関を突破してのみごとな栄冠…●高い競争率と伺っておりましたが…●初志を貫いてのご栄誉に…●希望どおりの学校に入学できて…

◎親戚の新築祝いにスリッパセットを贈る〈女・手・は・箋〉

木の香りも新しいご新居がご竣工とのこと、まことにおめでとうございます。おばあちゃまへの配慮も行き届いたご設計と承り、ご夫妻のあたたかなお心くばりに感服しております。遠方ゆえ、お伺いすることがかないませんが、気持ちばかりのお祝いとしてスリッパを別便でお送りいたしました。お使いいただければ幸いです。

　まずはお祝いのごあいさつのみにて失礼をいたします。

かしこ

◎元の同僚に、居酒屋の開店祝いを贈る〈男・手・は〉

拝啓　春暖の候、ますますご清栄のこととお喜び申し上げます。

　さて、いよいよ故郷に念願のお店が開店の由、まことにおめでとうございます。脱サラはだれしもの夢ですが、その実現となると大きな勇気と決断が必要なもの。みごとなしとげられたご努力に敬意を表します。

　出張のおりにぜひ一度伺いたいとは思いますが、とりあえずお祝いを送らせていただきます。

　千客万来のご繁盛を心よりお祈り申し上げます。敬具

◎子どものひと言を添えて、入学内祝の品を贈る〈女・手・箋〉

花便りのうれしい季節となりましたが、皆様にはお元気でお過ごしのことと存じます。

　さて、このたびは私どもの長女まどかの小学校入学に際し、ごていねいなご祝詞と過分なるお祝いをちょうだいいたしまして、まことにありがとうございました。

　四月六日、無事入学式をすませたご報告とあわせ、心ばかりの内祝の品をお届けいたしますのでお納めください。

　皆様のますますのご健勝をお祈りするとともに、これからもまどかの成長を見守ってくださいますようお願い申し上げます。

かしこ

追伸[1]　入学式当日のスナップを一葉同封いたしました。

おいわいをありがとうございました。[2]おともだちもできて、まいにちたのしくがっこうにかよっています。

ごとう　まどか

1 つけ足して書きたいことがあるときは、いったん「かしこ」などで結んでから、追伸としてあらためて書く。

2 短くてもよいから、子ども自身からお礼の言葉を述べさせる。

4 お礼の品を贈る

1 在社中同様「佐藤課長」という呼びかけでもよいが、退職後は敬称をつけたほうがていねい。2〈他の言い回し〉●ご親切への感謝の気持ちを込めまして…●心ばかりのお礼のしるしでございます。●ささやかながらお礼の品としてお納めください。

◎結婚退職後、お世話になった元の上司へ〈女・手〉

松の内も過ぎ、佐藤課長様もまたお忙しくご活躍のことと存じます。現在、私は秋田の親元に戻り、家事の特訓を受けております。

さて、在職中はたいへんお世話になり、ありがとうございました。あらためてお礼を申し上げます。入社して以来親身にいろいろ教えていただき、そのご恩返しも果たせぬまま退職に至りましたこと、申しわけなく思っております。

ひとかたならぬお世話をいただいた感謝のしるしといたしまして、本日、別便にて当地名産のはたはたの飯寿司をお送りいたしました。ご家族の皆様でご賞味いただければ幸いです。

末筆ながら、佐藤課長様の今後ますますのご健勝を心からお祈り申し上げます。

かしこ

◎旅先でもてなしを受けた知人へ〈男・女・手・は・箋〉

先日はお忙しいなかお時間をさいていただき、ほんとうにありがとうございました。おいしい食事から、お心のこもったお土産、何から何までお世話になり、恐縮しております。お気を悪くなさらないでいただきたいのですが、ほんのお礼のしるしまでに当地の地酒を送ります。どうかお納めください。

こちらにおいでの際は、必ずご連絡ください。またお会いできるのを楽しみにしております。

◎子どもが食事をごちそうになった家へ〈女・箋〉

いつも秀樹が遊ばせていただき、ありがとうございます。また先日は手作りの昼食までごちそうになり、申しわけありませんでした。

秀樹は「ピザって、家でも作れるんだね」と驚いており、冷凍&宅配専門の私としては反省しきりでした。今度、作り方を教えてくださいね。

ほんの気持ちですが、実家から送られてきたりんごを秀樹に持たせます。とり急ぎお礼まで。

松田

1 食事やお土産のお礼より、歓待を受けたという「心」のお礼を第一に。2 お返しとして品物を送るのは、相手の好意を台なしにする可能性も。心からの感謝のしるしであることを伝える。

1「いただき物ですが」など、相手に負担をかけない書き方がよい。

◎野球のチケットをくださった友人へ〈男・女・手・箋〉

昨日、いただいたチケットで試合を見てまいりました。ご存じのように打撃戦となり、テレビでは味わえない球音を存分に楽しんできました。阿部さんの急な出張のおかげで、あんなにいい試合を思いがけず観戦できて、うれしいやら申しわけないやらの気分でおります。

チケットにチケットで返礼というのも芸のない失礼な話ですが、感謝のしるしにビール券を送ります。ナイター観戦のお供にお使いください。

ほんとうにありがとうございました。

とりあえずお礼まで。

◎就職で世話になった伯父へ〈男・女・手〉

拝啓　このたびはごめんどうなお願いをいたしまして申しわけありませんでした。おかげさまで、○○株式会社入社が内定いたしました。

今年は周りを見てもかなり厳しい状況で、[1]伯父さんにご尽力いただかなければ、きょうの日は迎えられなかったことと思います。ほんとうにありがとうございました。

来春からは、伯父さんのお力添えに報いるよう、努力を重ねるつもりでおります。どうか引きつづきご指導のほど、よろしくお願いいたします。

[2]両親からも別途お礼を申し上げると思いますが、私自身からの感謝の気持ちを込めて、心ばかりの品をお送りいたしますので、お受けとりください。

末筆ながら、伯母さんにもよろしくお伝えください。

敬具

1 世話をしてもらったからこそ入社が決まったという謙虚な気持ちで。 2 親の感謝の念も盛り込む。

5 名産品、お土産を贈る

1 お中元やお歳暮と違い、儀礼的なものではないので、親しみのこもった文章に。2 相手が日中留守がちのときは、休日や夜間の配達を指定し、その旨書き添えておくとよい。

◎知人に地域の名産品を贈る〈男・女・手・は・箋〉

ご無沙汰しておりますが、お元気でお過ごしのことと存じます。

転勤で岡山に来て半年、ようやく街にも慣れてきました。こちらは食べ物のおいしいところで、特に果物は東京ではなかなか手に入らない品がそろっています。収穫の秋を迎え、あなたにもぜひ一度岡山の味をお試しいただきたく、ぶどうを一箱宅配便の夜間配達指定で別送いたしました。

またお会いできる日を楽しみに。

◎親しい友人に珍しい野菜を贈る〈女・手・は・箋〉

きょう市場に行ったらいい品を見つけたので、ホワイトアスパラを少々送りました。グリーンのはおなじみでしょうが、ホワイトの生はこちらでも珍しいので。厚めに皮をむいてからかためにゆでて、みそ＋マヨネーズで食べるとおいしいです。

来月、そちらに行く予定があるので、近くなったらＴＥＬします。お会いできるといいんだけど。

ではまた。

1 珍しい食品の場合は、食べるときのヒントを添えると親切。

◎旅先から、伯父へ土地の名物を贈る〈男・手・は〉

前略　出張で富山に来ております。昨晩、地元のかたに鱒寿司のうまい店を紹介してもらい、食してまいりましたが、鱒のなれ方が絶品で感激しました。伯父さんの好物だったことを思い出し、店から発送してもらいましたのでご賞味ください。

そのうちに顔を出します。伯母さんによろしくお伝えください。

草々

6 手作り品、趣味の品を贈る

◎自費出版した歌集に添えて
〈男・女・手・箋〉


拝啓　めっきり春らしくなってまいりましたが、皆様にはお変わりなくお過ごしのこととお喜び申し上げます。

　さて、私こと、このたび、作りためた短歌を集めて自選歌集を出版いたしました。暮らしのつれづれを詠んだ拙作ばかりでお恥ずかしいのですが、七十歳を迎えた記念にと、まとめたものです。[1]ご高覧のうえ感想などお聞かせ願えれば幸いに存じます。

　季節の変わり目、お体にはくれぐれもお気をつけくださ い。

敬具

1〈他の言い回し〉●よろしければご一読くださ い。●気がついたことをあとで教えていただければと存じます。●（趣味の品の場合）お好みに合いますかどうかわかりませんが…

◎自費出版の歌集を贈られたときの返事〈男・女・は〉

りっぱな歌集をご上梓なされ、おめでとうございます。[1]本日拝受いたしました。私にまでお届けいただき、恐縮しております。[2]素人で歌のことはわかりませんが、一読しても、三十一文字に込められた村田様のあたたかいまなざしが伝わってくる気がいたします。これからもどうかますますお元気でご精進なさいますようお祈り申し上げます。

　とり急ぎ御礼のみにて失礼いたします。

1 まだ読んでいないとき、感想をどう書けばよいかわからないときは、とりあえず「受けとった」ことのお礼を。2 なまじっかの批評は避けるのが賢明。

◎手あみのひざ掛けを姑に贈る
〈女・手・箋〉


早いものでこがらしの吹く季節となりました。腰の調子はいかがですか。

　夏に帰省したおり、以前に作ったひざ掛けをまだ愛用してくださっているのを知り、とてもうれしく思いました。あれから、私も少しは腕を上げましたので、ちょっと厚手の新作をお送りします。ボタンをつけて体に巻けるようにしてあるので、なるべく腰を冷やさないようにしてくださいね。

　ではお大事に。

7 品物を渡すときの添え状

◎いただき物をご近所へおすそ分けする〈女・箋〉

生のほたて貝を大量にいただいた[1]んだけど、うちでは食べ切れないので手伝ってもらおうとお持ちしました。お留守だったので、勝手に庭に回って柱の陰においておきました。

盗まれはしないと思うけどちょっと心配。お手数ですが、品物を確認したら一本電話をいただけますか。

☎222―1234　原田

1 「お歳暮が多くて」などの言葉はときとしていやみに聞こえるので注意。

◎子どもを通して写真を渡す〈女・箋〉

先日、うちでクリスマス会を開いたときの写真ができ上がりましたので、子どもに持たせます。ママたちの顔が赤いのはサンタの衣装のせいか、はたまたワインのせいか……。

でも、みんなとゆっくりお話しできて楽しかった。また近いうち集まりましょう。

長谷川

◎借りた本を返すときに〈男・女・手・箋〉

長らくありがとうございました。図書館にも書店にもなく困り果てていたので、ほんとうに助かりました。おかげさまで、充実した資料を作成することができました。繰り返し参照させていただいたので、少し本が傷んでしまったのではないかと心配です。貼った付箋などはすべてはずしたつもりではありますが、万一残っていたらお許しください。

とり急ぎお礼まで。

◎子どもの発表会のチケットに添えて 〈女・手・箋〉

理香がお宅の愛ちゃんをバレエの発表会にお誘いした由、休日でご予定もあったのではないかと心苦しく思っております。

[1]もしご都合がつけば、ということで、一応ご家族様の分のチケットをお渡しいたします。もちろん、[2]代金は不要ですのでお気づかいなさいませんように。

斉藤

1 強引な誘い方はしないこと。「万障お繰り合わせのうえ」などと書くのは失礼。**2** チケットに金額が入っているときは、相手の負担にならないようひと言添える。

◎サッカーのチケットを譲る 〈男・女・手・箋〉

先日、電話でお話ししたJリーグのチケットです。ワールドカップ以来のにわかサッカーファンですが、今期はシーズンチケットを買って毎試合通っております。今回はどうしても仕事の都合がつかず、涙をのんでお譲りすることにしました。私のかわりに、旗を振って応援してきてください。

では、勝利を祈って！

◎同居の姑に、母の日のプレゼントを渡す 〈女・手・箋〉

[1]お母様

至らない私をいつもあたたかく見守っていただいて、ありがとうございます。私も一児の母となり、親としての苦労がようやく実感できるようになりました。これからもたくさんいろいろなこと、教えてくださいね。

日ごろの感謝の気持ちを込めて、ささやかなプレゼントです。面と向かってはなかなかすなおに言えないけど、ほんとうにありがとう。

裕子

1 あらたまったあいさつは抜きに、呼びかける言葉で自然に。

2 お礼の手紙とはがき

1 お中元、お歳暮へのお礼

基本 知人、ビジネス関係全般へ〈男・女・手・は〉

拝啓　盛夏（向寒）の候、皆様にはますますご清栄のこととお喜び申し上げます。

　さて、このたびは、ごていねいなお中元（お歳暮）の品をご恵贈いただきまして、まことにありがとうございました。いつもお心づかいをいただき、恐縮しております。

　暑さ（寒さ）に向かいますおりから、いっそうのご自愛のほどをお祈り申し上げます。

まずはとりあえず書中にて御礼まで。

敬具

1「時下ますますご清栄のことと」とすれば、オールシーズン対応できる。2ビジネス関係ならこのようにはっきりした表現でよいが、私的な知人には「お心のこもった品」程度のソフトな言葉で。

◎遠方の知人に、あらたまったお歳暮のお礼〈男・女・手・は〉

拝啓　今年もいよいよ押し詰まってまいりましたが、ご健勝にお過ごしのことと存じます。

　さて、このたびは御地の逸品をご恵贈いただきまして、まことにありがたく厚く御礼申し上げます。当地ではなかなか入手できない品とのこと、家族もたいへん喜んでおりました。お心くばり、心より感謝申し上げます。

　今後もなにかとお世話になることと存じますが、どうかよろしくお願い申し上げます。

敬具

◎面識のある夫の部下に、妻が代筆〈女・手・は・箋〉

ことのほか暑い（寒い）日がつづきますが、藤野様にはお元気でお過ごしでしょうか。
　[1]本日はわが家の大好物をお送りいただき、ありがとうございました。さっそく、家族でうれしくちょうだいしております。
　奥様やお子様にもしばらくお会いしておりませんが、どうぞよろしくお伝えくださいませ。まずはひと言御礼のみにて失礼いたします。

かしこ

1 親しい相手には、自然な言葉で感謝の気持ちを伝える。

◎気のおけない友人に、お中元のお礼〈女・手・は・箋〉

宝石のようなすてきなゼリーのセット、本日到着いたしました。[1]甘さを控えた大人の味わいで、子どもに食べさせるのはもったいないなあなどと思いつつ、皆でいただいております。いつもながらのおいしいものへのお目きき、感服いたします。

　仕事もお忙しいようですが、どうぞお体に気をつけて。近いうち、ぜひ遊びにいらしてください。まずはとり急ぎお礼まで。

1 相手が品選びに気をつかったなと思われる品については、品物への評価とともに、相手の選択眼をたたえるひと言を。

◎目上の相手から先に贈られた場合〈男・女・手・は〉

拝啓　暑さ（寒さ）も一段と厳しくなってまいりました。

本日はけっこうな品をお送りいただき、まことにありがとうございました。いつもお世話になっておりますのに、こちらからのごあいさつがあとになり、赤面しております。[1]おそくなりましたが、別便にて気持ちばかりの品をお送り申し上げましたのでご笑納ください。

このたびの失礼の段、ご容赦ください。

とり急ぎ御礼とおわびまで。

敬具

1「お返しとして送る」印象にならないよう注意。

◎仲人をした若夫婦に、今後は辞退する旨伝えながら〈女・手・は〉

暑い（寒い）毎日がつづきますが、お二人ともお元気でお過ごしの由、なによりです。当方も大過なく暮らしております。

さて、本日は[1]ごていねいなお中元（歳暮）の品をご恵贈いただき、まことにありがとうございました。何のお役にも立てずにおりますのに、いつもお心づかいをいただき恐縮しております。

すでに結婚生活も落ち着き、私どもの出番もないことでしょう。お二人の生活の充実を専一に、[2]これからは、季節のごあいさつのお気づかいなどはなさいませんよう、お願い申し上げます。

ご夫妻の末永いお幸せをお祈りいたします。かしこ

1「けっこうな」「すばらしい」などの表現は使わず、品物への賛辞も書かない。

2「お断り」「ご辞退」とするときつい印象になるので、「相手が自発的にやめるのをお願いする」という姿勢で。

2 お祝いへのお礼

基本 知人全般に、お祝いへの返礼〈男・女・手・は〉

拝啓　○○の季節になってまいりました。皆様にはお変わりなくお元気でお過ごしのことと存じます。

さて、このたびは私どもの○○に際し、[1]ごていねいなご祝詞と過分なるお祝いをいただきまして、[2]まことにありがとうございました。あたたかいお心づかいをいただき、恐縮しております。

まずはとり急ぎ御礼のみにて失礼をいたします。

敬具

1 長男誕生、父の米寿など、祝い事を具体的に書き入れるとよい。2 祝いの言葉と金品では、言葉に対するお礼が先。金品だけ送られてきたような場合は、「過分なるお祝いを」とのみ記す。

◎義妹に、子どもの誕生祝いを贈られたお礼〈女・手・は・箋〉

先日は、佐織へのバースデープレゼントをわざわざお届けいただき、ありがとうございました。あいにく留守にしていてお会いできず、失礼しました。

佐織が前からほしいと言っていた品だったのでビックリ。何かのおりに美佐江ちゃんにおねだりしたのではないかしら。まったく、親に似てずうずうしい子なものですから。

美佐江ちゃんには、いつも佐織をかわいがっていただいて、ほんとうに感謝していますます。顔を合わせると照れちゃって言えないので、きょうはお便りしました。

また近いうち遊びにいらしてね。恵子

◎叔父夫婦に、合格祝いへのお礼
〈男・女・手・は〉

[1] 桜の開花ももうすぐですが、叔父様叔母様にはお元気でお過ごしのことと存じます。

　このたびは、すてきなお祝いをお贈りいただき、ありがとうございました。いま流行の品で、なぜ、ほしいものがわかったのだろうと不思議に思ったほどです。お祝いをちょうだいするだけでも申しわけないのに、品選びにもお心を砕いていただき、恐縮しています。ほんとうにありがとうございました。

[2] 両親からもくれぐれもよろしくとのことでございました。まずは、とりあえずお礼のみにて失礼をいたします。

1 若い人の手紙は、あまり形式的だとかえって不自然。2 小・中学生では必要ないが、高校生や大学生ならこうしたひと言を添えたい。

◎夫の両親に、子どもの入学祝いへのお礼〈女・手・箋〉

このたびは悟のために過分な入学祝いをちょうだいいたしまして、まことにありがとうございました。必要な品をこちらで準備してというあたたかいお心づかい、いつもながらほんとうに感謝しております。[1] まだランドセルを用意していませんでしたので、お父様お母様のお祝いでさっそく買わせていただきました。とりあえず式服を着せ、背負わせた写真を撮りましたので一葉同封いたします。

まずはお礼とご報告まで。

小百合

1 子どものお祝いで現金をもらった場合は何を買うつもりか（買ったか）具体的に書くと相手に心が伝わる。できれば買ったものと子どもをいっしょに写した写真を添えて。

◎取引先に、昇進祝いへのお礼
〈男・女・手・は〉

拝啓　春暖の候、ますますご健勝のこととお喜び申し上げます。

　さて、このたび私が[1] 新しい立場につくにあたりましては、過分なるお祝いを賜り、まことにありがたく厚く御礼を申し上げます。

　微力ではございますが、いっそうの努力を重ねてまいる所存でございますので、どうか倍旧のご指導お引き立てのほど、よろしくお願い申し上げます。

　略儀ながら書中をもって御礼とさせていただきます。

敬具

1「課長就任」などの言葉はときとして舞い上がっているような印象を与える。栄転の場合は「私の○○支社転任に際し」とする。

3 その他の贈答品へのお礼

基本 知人から品物を贈られて〈男・女・は〉

皆様お元気でお過ごしのことと存じます。

さて、[1]本日は思いがけずけっこうな◯◯をお送りいただき、まことにありがとうございました。[2]いつも私どものことをお心に留めていただき、ほんとうに感謝しております。

ご家族の皆様にもどうぞよろしくお伝えください。

まずはとりあえずお礼のみにて。


1〈他の言い回し〉●御地の名産◯◯を…●本場の◯◯を…●お心のこもった手作りの◯◯を…●なかなか入手できない珍しい◯◯を…●なつかしい故郷の味を… 2 儀礼的な贈答品以外は、品物へのお礼のほか、相手の心づかいへの感謝の言葉も入れる。

◎地域の名産品を贈られて〈女・手〉

1 食品の場合、相手は到着した日時や状態が気になるもの。「粒がそろって」「鮮度もよく」「とりたての香りそのまま」など、状態をほめるひと言もときに必要。

久々のお便り、うれしく拝見いたしました。お元気でご活躍のご様子、なによりのこととお喜び申し上げます。

本日、お手紙のとおり、みごとな桃が到着いたしました。[1]きちんと梱包されており、きずも全くありませんでした。夕食後に家族でいただきましたが、まずはご報告申し上げます。水蜜とはよくつけた名、と思われるほどに甘くみずみずしい味わい！　当地で買い求めるものとは、形のよさといい風味といい格段の差で、さすが本場物は違うと、一同感嘆いたしました。ほんとうにありがとうございます。

暑い日がつづきますが、どうぞご家族様にはご自愛くださいますようお祈りいたします。いずれまた、お会いできる日を楽しみに。

とりあえず本日はお礼のみにて失礼をいたします。

かしこ

◎友人から旅行のお土産を贈られて〈女・手・は・箋〉

このたびは、ヨーロッパ旅行のお土産をちょうだいし、まことにありがとうございました。日本ではなかなか見かけないデザインのプレートで、宮浦さんのセンスのよさには感心いたしました。私のつたない料理では絵柄が映えないのがやや残念ですが。少し研究して、近々このお皿を主役にしたパーティーなど企画したいと思います。そのおりにでも、旅のお話をたっぷりと聞かせてくださいませ。

とり急ぎお礼まで。

かしこ

◎知人に、転勤の際のお餞別へのお礼〈男・手・は〉

拝啓　春暖の候、ますますご健勝のこととお喜び申し上げます。

このたびの私の博多支社転任に際しましては、[1]ごていねいなお心づかいをいただきまして、まことにありがとうございました。また、本社在勤中は[2]ひとかたならぬご厚誼にあずかり、あらためて厚く御礼申し上げます。

明三十日に博多へ発ちます。初の単身赴任となりますので、ご出張などでお出向きの節はぜひともご連絡ください。

まずはひと言御礼まで。

敬具

1 「お餞別を」というのは生々しいので避ける。 2 〈他の言い回し〉●ご厚情を賜りまして…●これまで数々のご指導をいただき…●ご芳情に心より感謝申し上げます。

◎子どものピアノの発表会に花を贈られて〈女・手・は・箋〉

先日の発表会の際には、愛らしい花束をありがとうございました。香織も、一人前のピアニスト気分を味わうことができ、とても喜んでおりました。ドレスの色を尋ねられ、なぜかしらと思っておりましたが、[1]お花の色を合わせてくださるとは、さすがセンスのいい中垣さんのなさること、と感激しました。

こまやかなお心づかいに感謝しつつ、とり急ぎお礼まで。

かしこ

1 食品以外の贈答品の場合は、それを見立てたセンスのよさなどにふれて。

◎旅先で案内や食事接待を受けた知人へ〈男・女・手・は〉

昨日、無事に自宅に帰ってまいりました。旅行中は思いがけずたいへんお世話になり、まことにありがとうございました。久々にお会いできればと軽い気持ちで連絡をさしあげてしまったのですが、[1]わざわざお時間をさいていただき、さらにお食事までごちそうになってほんとうに恐縮しております。

あの翌日には、教えていただいた名所名店を訪ね、ガイドブック頼みでは味わえない充実した旅になりました。これもひとえに[2]酒井様のおかげと感謝しております。

ほんのお礼のしるしまでに、当地のお菓子を少々別便で送りました。ご笑納ください。

当地へお出かけの節はご一報ください。

本日はとり急ぎお礼まで。

1 案内をしてもらった場合は、先方の手をわずらわせたというお礼を第一に。**2** 相手の名前を行末に書くのは避ける。

◎転勤する、子どもの担任の先生へ〈女・手〉

ようやく春めいてまいりましたこのごろでございますが、先生にはお元気でお過ごしのことと存じます。

このたびは港北小学校へ転出なさる由、四月からもクラスを受け持っていただけるものと思っておりましたので、残念でなりません。

息子の正はご存じのように[1]内気な子で、先生にはなにかにつけお世話をおかけし、心苦しく思っておりました。ただ、この一年間で、徐々に積極性も出始め、家でも学校でのでき事を楽しそうに話してくれるようになりました。これもひとえに先生のあたたかいご指導とご配慮のおかげと、心より感謝しております。

どうか、新しい学校でもますますお元気でご活躍くださいませ。

かしこ

1 活発すぎる子で、わがままな子で、病気がちで、などアレンジを。

◎落とし物の財布を交番に届けてくれた人へ〈男・女・は〉

[1]先日、○○交番へお届けくださった財布の持ち主の渡辺でございます。このたびは、ご親切にありがとうございました。車を降りる際、不注意にも落としてしまったらしく、もはや戻らぬものとあきらめておりましたが、あなた様のおかげで本日、手元に返りました。

本来ならば参上してお礼を申し上げるべきところですが、固辞なさっていると伺い、せめて書面でお礼をと筆をとったしだいです。

ご親切とご高配、心より感謝申し上げます。

1 自分の名を記しても相手がピンとこないと思われるときは、こうして自己紹介から書き始める。

◎就職の世話を受けた父親の知人へ〈男・女・手〉

拝啓　陽春の候、ますますご清栄のことと存じます。

さて、このたびは私の就職のために格別のお世話をいただき、まことにありがとうございました[1]。おかげさまで、昨日○○株式会社への入社が内定いたしました。諸情勢が厳しいなか、第一志望の会社に入社できるのはたいへん幸運なことで、これもひとえに堀田様のお力添えがあったからこそと深く感謝しております。

四月からは、堀田様のご恩に報いるためにも一日も早く仕事を覚え、努力を重ねてまいる覚悟でおります。どうかこれからもいっそうのご指導をお願い申し上げます。

まずはとりあえず略儀ながら書中をもって御礼申し上げます。

敬具

1〈他の言い回し〉●ご多用のところをご奔走いただきまして…●ひとかたならぬご高配を賜り…●格別のお骨折りをいただき…

◎目上の人から自宅での夕食に招かれて〈女・手〉

先日はごていねいなお招きにあずかり、まことにありがとうございました。家族でおじゃましたうえ、すっかりごちそうになりまして、なんとお礼を申し上げてよいかわかりません。

いただいたお料理はどれもすばらしいお味でしたし、奥様の目の行き届いたおもてなしに[1]時間のたつのも忘れ、ずいぶん長居をしてしまいました。ご迷惑をおかけしたのではないかと懸念しております。お許しください。

ご夫妻には、これからもいろいろとお世話になることと存じますが、今後ともどうかよろしくお願い申し上げます。

まずはとり急ぎお礼のみにて失礼をいたします。かしこ

1〈他の言い回し〉●お心を傾けられたインテリアに…●奥様手作りの心のこもったお料理に…●幅広いご経験にもとづく楽しいお話に…

◎親戚の家に高校生の子を泊めてもらって〈女・手・は・箋〉

前略ごめんくださいませ

先日は、卓哉がお世話になりまして、ありがとうございました。夕食をごちそうになったばかりか、泊めてまでいただき、恐縮しております。「達夫おじさんは自分の一番の理解者」というのが卓哉の口癖で、今回もいろいろ親の悪口を言っていたのではないかと思います。むずかしい年ごろではありますが、達夫さんの存在で、私どもが救われているという面が大きく、ほんとうに感謝しておりまず。今後もなにかと卓哉が相談に乗っていただくこともあるかと存じますが、どうかよろしくお願いいたします。

とりあえず本日はお礼まで。かしこ

5 頼み事をしたときのお礼

◎お金を借りたお礼を知人へ〈男・女・手・は〉

[1]このたびは無理なお願いをお聞き入れくださいまして、恐縮に存じます。本日、確かに振り込まれました。おかげさまで、月末の支払いは無事すませられそうです。ご芳志のほど、あらためて心から御礼申し上げます。

[2]返済は、お約束どおり来月末日までに行いますので、どうかご了承ください。

ご温情に感謝しつつとり急ぎ御礼まで。

1 悠長な時候のあいさつなどは省き、すぐ用件に入る。**2** 返済方法は打ち合わせてあるはずだが、あらためて明確に。

◎ローンの保証人を引き受けてくれた叔父へ〈男・女・手・は〉

拝啓　秋冷の候、皆様にはますますご清祥のこととお喜び申し上げます。

さて、このたびは拙宅購入に際しまして、銀行融資の保証人というめんどうなお願いをお引き受けくださいまして、心より御礼申し上げます。ご署名と捺印をいただいた書類は、本日確かに拝受いたしました。

保証人の出番などないよう、これからも計画的に生活してまいる所存でございます。手続きが完了いたしましたらごあいさつに伺いますが、本日はとりあえず書中にて御礼申し上げます。

敬具

※目上の人への礼状には、形式をととのえて「あらたまってお礼を述べる」姿勢を。

◎フォーマルドレスを貸してくれた義妹へ〈女・手・は・箋〉

今回はずうずうしいお願いを聞いていただいてありがとう。本日、ドレスが届きました。

パーティーに出かける美由紀さんとお会いしたとき、なんてすてきなドレスだろうと、つい頼んでしまいましたが、ぶしつけなお願いだったと反省しています。でも、実際に手にとってみるとほんとうにすばらしい品。さすがおしゃれな美由紀さんのお見立てですね。

[1]使用するのは○日ですが、その後クリーニングをすませてからご返送いたします。

本日はとりあえずお礼のみにて。

かしこ

1 返す日が確定しないときはめどだけでも。

3 季節の便りと近況報告

1 年賀状

基本 知人全般へ

1 謹賀新年

2 旧年中はひとかたならぬお世話になりまして厚く御礼申し上げます。

3 本年も変わらぬご交誼のほど、よろしくお願い申し上げます。

1〈他の言い回し〈漢語的な賀詞〉〉●賀正（がしょう）●恭賀新年（きょうがしんねん）●賀春（がしゅん）●迎春（げいしゅん）●慶春（けいしゅん）●頌春（しょうしゅん）

2〈他の言い回し〉●昨年中はたいへんにお世話になりました。●旧年中はひとかたならぬご厚情を賜り…●旧年中はひとかたならぬご高配にあずかり、まことにありがとうございました。●旧年中は格別のご交誼を賜り…

3〈他の言い回し〉●今年もどうぞよろしくお願いいたします。●本年も倍旧のご指導を賜りますよう…●本年も相変わりませずご交誼のほど…●本年も旧に倍するご支援のほど…

基本 親戚、友人へ

明けましておめでとうございます[1]

皆々様にはおすこやかに新年をお迎えの[2]
こととお喜び申し上げます。
本年もどうぞよろしくお願いいたします。

1〈他の言い回し（ややくだけた賀詞）〉●新年おめでとうございます●新年のお喜びを申し上げます●初春のお喜びを申し上げます●A HAPPY NEW YEAR●BEST WISHES FOR A HAPPY AND WONDERFUL NEW YEAR

2〈他の言い回し〉●皆様おそろいで輝かしい新春をお迎えのことと存じます。●ご家族ご一同様には幸多き新年を迎えられたことと…●皆様にはますますご壮健のこととお喜び申し上げます。●お元気でお過ごしのことと存じます。

基本 ビジネス兼用

謹んで新春のお祝いを[1]
申し上げます

旧年中は格別のお引き立てにあずかり、
まことにありがたく厚く御礼申し上げます。
本年も倍旧のご愛顧を賜りますよう、
心よりお願い申し上げます。

1〈他の言い回し（ややあらたまった文章の賀詞）〉●謹んで年頭のごあいさつを申し上げます●新春を寿ぎご祝詞を申し上げます

◆年賀状の書き方

1 賀春

2 皆様におかれましては、幸多き新年をお迎えのことと存じます。3

4 本年も変わらぬおつきあいのほど、どうかよろしくお願い申し上げます。

5 時節がら、くれぐれもご自愛ください。

6 平成○年　7 元旦

8 〒101-8911　東京都千代田区神田駿河台二-九

9 片山　和明
智子

1 賀詞は大きく、太めの字で。

2 相手のすこやかな越年を祝う言葉、日ごろのご無沙汰をわびる言葉、日ごろの感謝を述べる言葉、相手の安否を尋ねる言葉などを賀詞の次につづける。

3 賀詞に「迎春」「謹んで新春を寿ぎ」など「春」を使った場合は、それにつづく文章は「新年」「新しい年」などとして「春」が重ならないように。賀詞が「謹賀新年」などの場合は、逆に次は「新春」「初春」とする。

4 今後に向けての言葉は必ず入れる。

5 添え書きは、賀詞やあいさつの文章よりも小さな文字で。決まり文句だけでなく、何かひと言書き添えたほうがよい。

6 年号は必ず入れる。西暦でもよい。

7 「一月一日」でも。元旦＝一月一日なので、「一月元旦」とは書かない。

8 住所氏名は通信面に入れたほうが、相手が読みやすい。

9 夫婦連名の場合は、行を改めて名前を並べる。

相手別「添え書き」文例

受けとった年賀状を一枚一枚ながめるのはお正月の大きな楽しみ。でも、いちばん熱心に読むのはその人自身の言葉で書かれた「ひと言」の部分ではないでしょうか。近年では多数派の、印刷した年賀状ならなおさらです。儀礼的なビジネス年賀状以外は、ひと言添える習慣をつけましょう。

上司へ

●今年もよろしくご指導ください。●今年こそ、ご迷惑をおかけしないよう頑張ります！●仕事のおもしろさ、厳しさがわかりかけてきました。●今後とも親身なご指導のほど、よろしくお願い申し上げます。●公私ともによろしくお願いいたします。（女性が男性の上司宅に出すには不向き）●○○プロジェクトの成功を心よりお祈り申し上げます。

部下へ

●厳しい情勢がつづきますが、お互い気を引き締めて頑張りましょう。●ますますの活躍を期待しています。●「盛り上げ対策委員長」として、今年もチームを明るくしてください。●仕事という果実は、家庭の太い幹がなければなりません。奥方によろしく。●家庭と両立してよく頑張っているね。生活者としてのいい意見をこれからも期待しています。

子どもの学校、習い事の先生へ

●今後とも、よろしくご指導のほどお願いいたします。●学級便り、いつも楽しみに拝読しております。お忙しいのに、と頭の下がる思いです。●先生のおかげで毎日楽しそうに登校しています。●二学期中は病気がちでご心配をおかけいたしました。今年は健康に留意してまいります。●いつもながらの親身なご指導、ありがたく思っております。●なかなかご期待に沿えませんが、「継続は力」と気長に構えることにいたしました。お見捨てなきようご指導くださいませ。●四月の発表会、いまからドキドキしています。

自分の習い事の先生へ

●先生にはいつもご迷惑をかけどおしで、申しわけなく存じます。いましばらくごしんぼうください。●ペインティングの技術もさることながら、一人の女性としても先生に少しでも近づきたいと思っております。●今年こそ稽古に励みたいと思います。よろしくご指導ください。●書の奥深さに圧倒された一年でした。今年は少し線が変わるとよいのですが。

恩師へ

●ご無沙汰しております。母校の前を通るたび、なつかしく思い出してはいるのですが。●先生から教えられた「理想は高く、身は低く」の言葉をいまかみしめています。●高校を卒業して今春で二十年になります。月日のたつのはほんとうに早いもので、ややあせります。●あのころは厳しいと思ったご指導が、いま生きており、ほんとうに感謝しております。●これからも末永くご指導ください。

仲人夫妻へ

●結婚して○回目のお正月を迎えました。大過なく暮らしております。●お二人を目標に、今年も仲よく頑張ります。●下の子が入園し、ようやく自分の時間が持てそうです。●ご無沙汰お許しください。便りのないのは……と思ってくださるとありがたいのですが。

仲人をした若い二人へ

●仕事も家庭も大いに楽しんでください。●新しいご家庭の幸多いお正月をお祝いいたします。たまには遊びにいらしてね。●仲むつまじいお二人のご多幸をお祈りします。●若いモンに負けじと、こちらもスノボを始めました。お正月は北海道で青アザづくりに励みます。

目上の知人、お世話になった人へ

●先輩を目標に、今年は○○を目ざします。●これからも公私にわたるアドバイス、よろしくお願いいたします。●微力ながらお役に立てるよう頑張ります。どうかよろしくご指導ください。●○○の節はほんとうにお世話になりました。おかげさまでその後は平穏に暮らしております。●今年こそゆっくりお会いしたいと願っています。

同世代や年下の友人、知人へ

●たまにはいっしょに旅行でも行きたいですね。●今年もいいことたくさんありますように。●あなたに会えたことが、私にとって昨年一番の収穫でした。●今後もよろしくね。●家で食事をすることが多くなり、1年で5kgも太ってしまった。今年はダイエットせねば。●新しいイタリアンの店、見つけました。近いうちごいっしょしましょう。

2 喪中欠礼と寒中見舞い、遅れて出す年賀状

基本 喪中欠礼
〈男・女・は〉

亡父○○（平成○年○月○日没）の喪中につき、年末年始のごあいさつを控えさせていただきます。
本年中のご芳情に厚く御礼を申し上げますとともに、明年も変わらぬご交誼をお願い申し上げます。

あいさつ状の内容
現在では、印刷したあいさつ状を用いる人がほとんど。印刷会社にあるサンプルの中から選ぶことになりますが、だれが亡くなったのか明記するほうが相手にとっては親切です。

出す範囲と時期
例年年賀状をやりとりしている人全員に出すのが基本。ただし、ビジネス上のつきあいの人、故人と直接関係のない人にはあえて出さず、一般の年賀状にして相手に気づかいをさせないという考え方もあります。
あいさつ状を出すのは、できれば12月初旬までに。相手が年賀状を書き始める前に届くようにするのがマナーです。

服喪期間
両親、夫、妻の場合は1年、祖父母で3カ月〜1年、兄弟姉妹が3〜6カ月が目安。地域や親類の慣例で考え方は多少違いますが、あまりに早く切り上げるのは考えものです。

基本 喪中に年賀状が来たときの返事
〈男・女・は〉

ごていねいに[1]お年始状をいただき、ありがとうございました。
実は昨年○月、母○○が他界いたしまして、[2]年頭のごあいさつを控えさせていただきました。[3]喪中欠礼のごあいさつが行き届かず、失礼をいたしました。
[4]なお、本年も変わらぬご交誼のほど、よろしくお願い申し上げます。
寒さ厳しきおり、なにとぞご自愛ください。

1「はやばやと」は相手が読むと気分を害することも。なお、こうした返事は、松の内が過ぎてから出す。**2**「賀」はめでたい意味があるので、「お年賀状」とは書かないほうがよい。**3**〈他の言い回し〉●お年始状はさし控えさせていただきました。●服喪中のため、欠礼させていただきました。**4** あいさつ状を出し忘れた、あるいは故人の交友関係がわからず出せなかったときはこう書く。欠礼のあいさつ状を出したはずなのに年賀状が届いた場合は、「失礼のほど、お許しください」など、さらりと。

◎喪中と知らずに年賀状を出してしまったとき〈男・女・は〉

御服喪中とも存じ上げず、年始状をさしあげまして、まことに失礼をいたしました。

遅ればせながら、謹んでお悔やみを申し上げます。[1]学生時代、お宅に伺ったおりには、お母様手作りの料理でおもてなしいただいたことなど、遠き地より思い出しております。

向寒のみぎり、どうぞお体にはお気をつけください。

[1]故人と面識がなかった場合は、「ご家族様の悲しみはいかばかりかとお察し申し上げます」「皆様にはさぞお力落としのことと存じます」などとつづける。

◎故人への年賀状が来たときの返事〈男・女・は〉

お年始状をありがとうございました。

実は、父○○は、昨年○月○日、[1]不慮の事故のため他界いたしました。

故人の生前にはひとかたならぬご厚情を賜り、まことにありがとうございました。ご通知が行き届きませんでしたこと、心より申しわけなく存じます。

本年の△△様のご健康とご多幸をお祈り申し上げ、まずはおわびまで。

[1]故人と親しかったと思われる相手には、亡くなったときの状況を知らせる文章をつづける。しかし、相手に供物などの気をつかわせなくてすむよう、あえて形式的な通知状にしたほうがよい。

◎喪中の人に出す寒中見舞い〈男・女・は〉

[1]寒中お見舞い申し上げます

例年にない厳しい寒さがつづいておりますが、[2]皆様にはいかがお過ごしでしょうか。

御服喪中と伺い、年始のごあいさつはさし控えさせていただきました。

ご家族様には、お悲しみもひとしおと拝察いたしますが、どうぞお力落としのないよう、お祈り申し上げます。

厳寒のおり、おかぜなど召しませぬよう。

[1]寒中見舞いは寒の入り（1月6日ごろ）から立春（2月4日ごろ）までに出す。

[2]「お変わりなく（お元気で）お過ごしのことと」と書かないよう注意。

◎年賀状を出しそびれた人への寒中見舞い〈男・女・は〉

寒中お見舞い申し上げます

お心のこもった年賀状をいただき、恐縮しております。[1]昨年末より、珍しくかぜで寝込んでしまい、ごあいさつのかなわぬまま今日に至りました。申しわけなく存じます。

すっかり元気をとり戻したいま、痛切に思うのは、健康のありがたさ。寒さ厳しきおりですが、お互い体に気をつけてよい春を迎えましょう。

1〈他の言い回し〉●暮れから長女の家に行っており…●仕事のピークを迎えてしまい…●現在は回復しておりますが、体調をくずしておりまして…

◎一般的な寒中見舞い〈男・女・は〉

寒中お見舞い申し上げます

今年はことのほか寒気が厳しいようですが、皆様お変わりなくお過ごしのこととお喜び申し上げます。私どもも、一同無事に暮らしております。

巷ではインフルエンザ大流行とのこと、ご家族様どうかくれぐれもご自愛ください。

まずは、寒さのお伺いまで。

◎あらたまった相手に遅れて出す年賀状〈男・女・は〉

謹賀新年

[1]ごていねいに年頭のごあいさつを賜りまして、恐縮しております。当方、[2]昨年十二月中旬より長期の出張をしておりまして、お年賀状が遅れましたこと、おわび申し上げます。

旧年中は多々のご高配を賜り、まことにありがとうございました。本年もいろいろご教示いただくことと存じますが、どうぞよろしくお願い申し上げます。

1「早々に」「はやばやと」は、目上の人に対し失礼なので避ける。2〈他の言い回し〉●昨年は早いうちから帰省しておりまして…●年末年始は家をあけておりまして…●年末まで仕事に追われ…（目上の人には不向き）

3 外国の知人に送るクリスマス&ニューイヤーカード

11月に入ると、文具店では外国向けの多彩なSeason's Greetings（シーズンズ・グリーティング）と呼ばれるカードが並び始めます。これは日本でいう年賀状にあたり、盛んにやりとりされるものです。クリスマスと新年のお祝いを兼ねたものが多く、12月初旬までに出せばOK。外国人の知人や、外国で暮らす日本の友人には、年賀状のかわりにカードを送りましょう。

〔英文カードの基本文例〕

1 *Dear Mr. Wright,*

2 **A Merry Christmas**
and
A Happy New Year

3 *May the New Year be an especially happy one for you all!*

4 *Yours sincerely,*

5 *Nobuo Ikeda*

1 親愛なるライト様（手書きで）

2 クリスマスと新年に心からのお祝いを申し上げます。

3 新しい年があなたにとって、ご多幸なものでありますよう!

4 敬具

5 必ず手書きで署名。

1 あて名

> 夫妻あてなら「**Dear Mr. & Mrs. Humfrey,**」
> （親愛なるハンフリーご夫妻へ）、親しい友人や子どもには
> 「**Dear Jane,**」（かわいいジェーンへ）とファーストネームで呼びかける。
> 「**Dear Mr.David Anderson**」などフルネームでは書かない。

2 新年、クリスマスを祝う言葉

決まり文句を印刷してあるカードが多いので、それを使えば簡単。
相手がキリスト教信者でないときは、新年を祝う言葉だけのものを選ぶ。

- **I wish you all a Merry Christmas and a Happy New Year.**
  （皆様が楽しいクリスマスと幸せな新年をお迎えになりますように）
- **Here's hoping the whole family has a Merry Christmas and a Happy New Year.**
  （ご家族の皆さんで楽しいクリスマスと幸せな新年をお迎えになりますように）
- **With best wishes for Christmas.**
  （クリスマスおめでとう）
- **I wish you a Happy New Year.**
  （あけましておめでとうございます）

3 手書きでひと言添えて

- **I wish you the best of luck.**
  （あなたのご多幸をお祈りいたします）
- **Hope you are all doing well back in New York.**
  （ニューヨークへお帰りになって、お元気でお過ごしのことと存じます）
- **May your dreams come true in the New Year.**
  （今年こそあなたの夢がかないますように）
- **We are always thinking of you and miss you.**
  （いつもあなたを思い出し、なつかしがっています）
- **Many thanks for your compliments of the season.**
  （季節のごあいさつをいただき、どうもありがとうございました）

4 一般的な終わりのあいさつ

●**Faithfully,**　●**Yours,**　●**Take care,**（親しい友人などに）

5 あいさつ文をタイプやワープロで打つ場合も、署名だけは手書きで。自分の名前もタイプして、その上にサインする方法もある。

4 暑中見舞いと残暑見舞い

※お中元の送り状を兼ねる場合は38ページ参照。

基本 一般的な暑中見舞い〈男・女・は〉

[1]暑中お見舞い申し上げます

[2]格別の暑さがつづくこのごろでございますが、皆様にはお変わりなくお過ごしでしょうか。平素はご無沙汰ばかりで申しわけございません。私どもは一同つつがなく毎日を送っております。

暑さはこれからが本番でございます。どうか皆様くれぐれもご自愛ください。

まずは暑中のお伺いまで。

1 本文よりやや大きめの字で。**2**「暑中お見舞い」と初めに述べているので、スペースに余裕がなければ、時候のあいさつは省いてもよい。

◎親しい知人、友人への暑中見舞い〈男・女・は〉

暑中お見舞い申し上げます

猛暑に負けず、お変わりなくお過ごしのことと存じます。当方も、焼き肉&ビールのゴールデンコンビで、相変わらず必要以上に元気です。

夏休みの間に、ぜひ皆さんおそろいでお出かけください。わが家自慢のバーベキューをごちそうします。

ではまた。

◎あらたまった相手から来た暑中見舞いへの返事〈男・女・は〉

このたびは[1]おやさしいお見舞い状をちょうだいし、うれしく拝見いたしました。ありがとうございます。皆様にはお変わりなくお元気でご活躍のご様子、なによりのこととお喜び申し上げます。私どもも一同無事に過ごしておりますのでご休心ください。

しばらくは酷暑がつづくと思われますが、ご家族の皆様のますますのご健勝を心よりお祈り申し上げます。

まずは御礼と暑中のごあいさつまで。

1「お心のこもった」「ごていねいな」など、受けとったお見舞い状に合わせてアレンジを。

◎知人、親戚への残暑見舞い〈女・は〉

残暑お見舞い申し上げます

立秋とは名ばかりの暑さがつづいておりますが、皆様にはいかがお過ごしでしょうか。お伺い申し上げます。

おかげさまで、私どもも皆元気でおります。[1]夏休みには、家族で江の島へ出かけ、海水浴を楽しんでまいりました。長男も来年は中学、家族旅行もままならぬ年齢となり、ちょっぴり寂しい思いをしております。

涼風が吹くのももう間近とは存じますが、皆様どうかご自愛くださいませ。

かしこ

1 家族ぐるみのつきあいをしている相手には、なるべく具体的な近況を入れ、そっけないあいさつ状にならないように。

◎暑中見舞いの返事を兼ねた残暑見舞い〈男・女・は〉

残暑お見舞い申し上げます

ごていねいに暑中お見舞いをいただきまして、ありがとうございました。[1]皆様そろって東北にお出かけの由、ねぶた祭りはいかがでしたでしょうか。私も一度は見たいと願いながらかなわず、うらやましく存じます。当方の夏休みは実家へ帰省し、のんびりと過ごしました。

まだまだ暑さがつづきそうですが、お体には十分お気をつけください。また、近いうち、お目にかかれるのを楽しみにしております。

1 まず、相手の書いてきた近況報告にひと言ふれて。

◎転職を世話してくれた人への近況報告〈男・女・手・は〉

その節はひとかたならぬお世話になり、ありがとうございました。入社して半年がたち、ようやく新しい環境にも慣れてまいりました。

　[1]中島様と面識のある社員も多く、当初からあたたかく迎え入れてもらい、感謝しております。

　これからも、[2]中島様のご恩に報いるよう努力を重ねてまいる所存でございますので、どうか変わらぬご指導のほど、よろしくお願い申し上げます。

　本日はとりあえずご報告まで。

1 紹介してもらったありがたさを前面に。仮に不満があっても、紹介した人とは無関係のことなので書かないほうが賢明。 2 卑屈になりすぎないよう注意。

◎病気がちな叔母にご機嫌伺いを兼ねて〈女・手・は〉

寒気もようやくゆるみ始めた昨今ですが、その後いかがお過ごしでしょうか。[1]春先にはいつもひざが痛むとお聞きしており、お案じ申し上げております。

　こちらは皆つつがなく過ごしております。幼いころ、叔母様の家でずいぶんやんちゃをしていた敬一が、今年は大学受験。毎日、野太い声で「腹へった」を連発しています。

　春ももうすぐです。どうか、ご無理をなさらず、くれぐれもご自愛くださいませ。

　本日はとりあえずご機嫌伺いまで。

かしこ

1 病気がちな相手には、電話口まで呼び立てず、手紙を書くほうがよい。

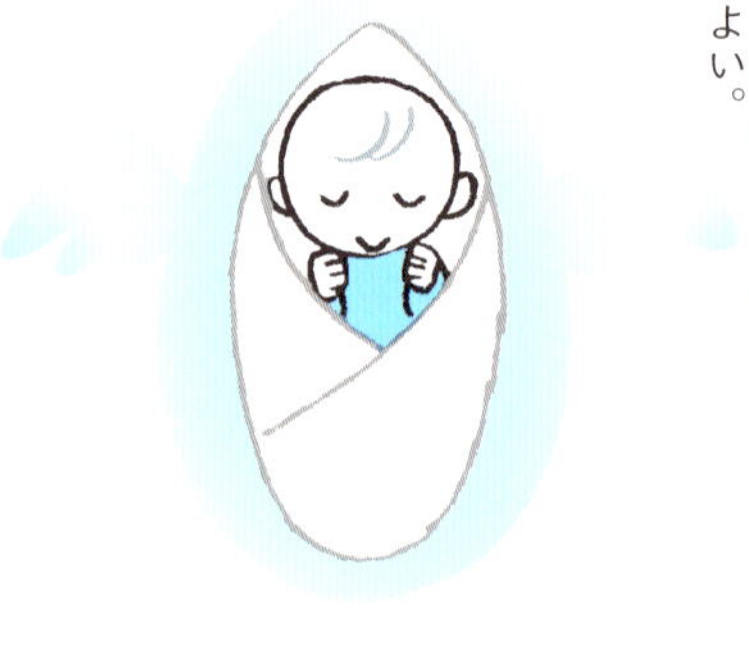

◎ご機嫌伺いの便りへの返事〈女・手・は・箋〉

桃子さんのおやさしいお便り、楽しく読ませていただきました。[1]お手紙をちょうだいするうれしさを、お心づかいとともに身にしみて感じております。

幸い今年はひざの調子もよいようで、日常生活には不自由ありません。ご安心ください。

敬一さん、ラストスパートでたいへんな時期のことでしょう。春風とともに吉報が届くのをお待ちしています。

かしこ

1 わざわざ相手が便りをくれたことに関する感謝の意を。

◎同窓会名簿で消息を知った昔の友人へ〈男・女・手・は・箋〉

突然の便りで驚いたことと思います。先日届いた第一高校の名簿で住所を知り、なつかしくなったもので。

就職してからは会う機会もなく、時も過ぎてしまいましたが、名簿によると現在は○○社にご勤務とのこと。実は私も△△という同業に携わっています。近況報告と情報交換を兼ねて、久しぶりに会いたいな。気が向いたら、連絡ください。待ってます。

◎仲人へ妊娠を報告する〈女・手・箋〉

[1]その節はごていねいにお便りをいただき、ありがとうございました。

実は、きょうはうれしいご報告があり、[2]ペンをとりました。先日、病院に行って確かめたところ、妊娠三カ月とのこと。予定日は○月○日だそうです。

[3]お二方様に見守られてスタートした私どもの生活も、おかげさまでこうしてすばらしい結晶を得るに至りました。これからは、親としてのあり方もご教示いただきたく、あらためてお願い申し上げるしだいです。

本日はとり急ぎご報告まで。

かしこ

1 お中元、お歳暮の礼状が来ている場合は、その礼を。2 電話で話すのが恥ずかしいような事柄は、かえって手紙のほうが伝えやすいもの。3 今後に向けての文章はややあらたまった表現で。

4 お祝いの手紙とはがき

1 婚約、結婚、結婚記念日のお祝い

1〈他の言い回し〉●ご婚約おめでとうございます。●無事結納を交わされたとのこと…●ご結婚なさるとのこと（妊娠が先だった場合など）。

◎友人から結婚通知状を受けとって 〈女・手・は・箋〉

ご結婚おめでとうございます。

晴れやかなあなたの笑顔と、竹野内豊に少し似た[1]だんな様の頼もしい横顔から、幸せが伝わってきて、うらやましい限りです。

近いうち、お二人にお目にかかれるのを楽しみに、まずはお祝いまで。

1 結婚通知状は、新郎新婦の写真入りのものがふえているが、友人同士なら○○に似ているという言い方もよい。ただし、相手が気を悪くするような人に似ているとは書かないこと。

1「おそくなりましたが」「時期を逸しましたが」と書くと、相手が前もって知らせなかったのをとがめる印象になるので、さらりと流す。

◎姪の婚約を祝って、親へ 〈男・女・手・は〉

晴美さんのご婚約が相ととのった由[1]、母から聞きました。心よりお祝い申し上げます。

小さいころから明るく聡明な晴美さんのことですから、きっとすばらしいご家庭を築き上げることでしょう。挙式まであと半年、ご家族の時間をたいせつになさってください。それとも、新しくできた息子さんとの交流を心待ちにしていらっしゃるのでしょうか。

結婚式、楽しみにしております。どうぞ皆様、お体にお気をつけてお過ごしください。

まずは、お祝いまで。

◎目上の知人の子どもの結婚を知って 〈男・女・手〉

拝啓　黄梅の候、ご令息（嬢）様にはめでたく華燭の典をあげられた由、まことにおめでとうございます。ご両親様のお喜びいかばかりかと拝察しております。

すばらしいご両親に育てられたお子さまですから、りっぱなご家庭を築くことでございましょう。私どものお祝いの[1]気持ちといたしまして、ささやかな品ではございますが別便にてご送付申し上げましたので、お納めください。

略儀ながら書中にてお祝い申し上げます。

敬具

◎子どもの結婚祝いを贈られたときの返事〈男・女・手・は〉

拝復　夏空のまぶしい季節になりました。このたびは、娘さおりの結婚に際しまして、ご丁重なご祝詞をいただき、そのうえ過分なるお祝いまでちょうだいいたし、恐縮しております。

　追って娘からもごあいさつをさしあげると存じますが、[1]まずはとりあえず御礼のみにて失礼をいたします。

敬具

1 披露宴に招待した人には特別なお返しはいらないが、それ以外の人には、引き出物相当の内祝を送る。この場合は、後日内祝をいたしますが、という意味を言外に含ませて「とりあえず」と書く。

◎仲人夫妻の銀婚式を祝う〈女・手〉

[1]春を迎え、心浮き立つ季節となりましたが、小原様ご夫妻にはお元気でお過ごしのことと存じます。
　さて、このたびはめでたく銀婚式をお迎えとのこと、心よりお祝い申し上げます。
　[2]ともに、重責あるお仕事につきながら、ご家庭を大事になさって仲むつまじく歩みを重ねるご夫妻のお姿は、とうてい及びもいたしませんが私どもの目標でございました。ここにすばらしい節目を迎えられたことは、私どもにとっても大きな喜びでございます。
　どうかこれからもご円満に、そしてますますのご健康とご活躍を心よりお祈り申し上げます。

かしこ

1 なるべく明るい時候のあいさつから始める。「厳寒」「酷暑」ではイメージが悪い。2 夫妻の両方をほめる言葉を。丁重に書くが、「お」「ご」の多用は見苦しいので適宜調整する。

◎再婚した友人から結婚通知状を受けとって〈女・は〉

　このたびはおめでとうございます。突然のお知らせで驚きましたが、[1]新しい門出を心からお祝いいたします。
　[2]順子さんは口には出さなかったけれど、いろいろなご苦労があったことと思います。でも、これで全部リセット！　これからのことだけを考えて、今度お目にかかるときには、ほんとにほんとの笑顔を見せてください。
　どうか末永くお幸せに。

1「再出発」「再婚を」という言葉は生々しいので避ける。2 以前のことにふれないのも不自然なので、いたわりの言葉を。ただし「前のご主人の暴力には」など具体的な表現は×。

2 出産祝い、初節句、七五三のお祝い

◎一般的な出産祝い――知人全般へ
〈男・女・手・は・箋〉

[1]このたびは、無事女の赤ちゃんをご出産とのこと、まことにおめでとうございます。[2]「子にまさる宝はなし」という言葉もございます。初めてのお子さん誕生に、ご家族様のお喜びはいかばかりかと拝察しております。
さっそくお祝いに参上し、赤ちゃんの顔を拝見したいところですが、産後のお体にさわってはと、しばらくがまんすることにいたします。

どうかご無理なさらずに、ゆっくりとご静養ください。

まずはとり急ぎご安産のお祝いまで。

1 時候のあいさつなどは抜きに「おめでとう」と書き始めたほうが、祝う気持ちがストレートに伝わる。2〈他の言い回し〉●初めての子は女の子のほうが育てやすい…●男の子はいつまでも母親につく…●孫は子どもよりもかわいい…●一姫二太郎（初めての子が女で第二子が男）。

◎若い友人の出産を祝う
〈女・手・は・箋〉


ご出産おめでとうございます。元気な男の子だそうで、これで、ジャニーズ系大好きの沙織さんの今後二十年の楽しみが保証されましたね。うらやましい！「すぐにでもショッピングに行けそうなほど元気」と言っていたけど、大仕事のあとなのだから、若さを過信せず、静養に努めてください。

沙織さんの好きなブランドの子ども服を、お祝いに送りました。写真、送ってね。では。

◎早産だった場合の出産祝い――夫の知人へ 〈女・手・は〉

このたびは奥様がおすこやかな女のお子様をご安産とのこと、心よりお祝い申し上げます。[1]ご早産と伺いましたが、二五〇〇グラムと知り、安心いたしました。「小さく産んで……」と昔から言われますとおり、これからのご成長が楽しみですね。

奥様には、産後のご養生を専一になさいますよう、よろしくお伝えくださいませ。

ご家族様のご多幸を心よりお祈りいたしまして、まずはお祝いまで。

かしこ

1 小さく生まれた場合、母親はとても気に病んでいることが多いので、メリットを強調。大きい場合は、「りっぱな」「病気も少ないと聞きます」などと。

◎親しい知人の初孫誕生を祝う〈女・手・は・箋〉

このたびは、初めてのお孫さんが誕生されたとのこと、心よりお祝い申し上げます。「おばあちゃん（おじいちゃん）」とは呼ばせないと、かねがねおっしゃっていましたが、実際に赤ちゃんの顔をごらんになっていかがでしょうか。かわいらしいお口から発せられる言葉ならなんでも受け入れてしまいそうな、松本様の笑顔が目に浮かぶようです。

　お孫様のすこやかなご成長をお祈りして、まずはとりあえずお祝いまで。

◎兄の娘の七五三を祝う〈女・手・は・箋〉

　冴子ちゃん、[1]今年は七五三ですね。おめでとうございます。ついこの間歩き始めたと思っていたのに、月日のたつのは早いものです――なんていうのは気楽な私の言いぶん。[2]お姉さんにとっては、したいことをずっとがまんしてきた数年間だったのではないかと思います。これから、少しずつ自分の時間をとり戻してくださいね。

　当日が晴天に恵まれることを祈りながら、とりあえずお祝いまで。

1 七五三のお祝いは、男の子が3歳と5歳、女の子は3歳と7歳の11月（地方によっては10月）15日に行う。お祝いの手紙は前もって。2 子育ての苦労をねぎらうひと言を添えて。義姉ならなおのこと。

◎知人夫妻の子どもの初節句を祝う〈女・手・は・箋〉

[1]風薫る季節がやってまいりました。
　このたびは伸吾くんの初節句、まことにおめでとうございます。おやさしいご両親様のもと、さぞたくましくご成長なされたことと存じます。

　心ばかりのお祝いといたしまして、菖蒲の花のアレンジメントを届けさせる手配をいたしました。[2]端午のお祝いの席に加えていただければ幸いです。

　伸吾くんのご健康を祈り、お祝いまで。

1 女の子（桃の節句）の場合は「日に日に春めいてまいりました」など。2 女の子の場合は「初雛」「初めてのひな祭り」。

※お祝いの送り状については42ページ参照。

基本 入園、入学祝い——本人の親へ
〈男・女・手・箋〉

日ざしもすっかり春めいてまいりましたが、皆様にはいかがお過ごしでしょうか。

さて、この四月からお嬢様が小学校に入学とのこと、月日のたつのは早いものですね。[1]ほんとうにおめでとうございます。お嬢様もさぞ張り切っていることでしょう。

本来ならば何か記念になる品をお見立てするところですが、[2]失礼ながらお祝いを同封させていただきました。どうかお納めください。

お嬢様の楽しい小学校生活をお祈りして、まずはお祝いまで。

1〈他の言い回し〉●ご両親様のお喜びもひとしおかと存じます。●希望に胸をふくらませていることと…●かわいらしい制服姿が目に浮かびます。**2**目上の人には現金は送らない。そうでない場合も「失礼ながら」のひと言を。

◎入園、入学祝い状への返事——目上の知人へ〈女・手・は〉

お心のこもったお便りとお祝いをありがとうございました。大好きなキャラクターのついた文房具セット、娘もたいそう喜んでさっそく包みをあけ、名前入りの鉛筆をきれいに削って並べておりました。いつもながらのこまやかなお心づかい、恐縮しております。[1]略儀ながら書中にて御礼申し上げます。

かしこ

1本来ならば参上してお礼を申し上げるべきところ、の意。目上の人への敬意をあらわして。

◎友人の子が私立中学に合格したお祝い〈女・手・は・箋〉

美春ちゃんが○○学院中等部に合格なさったとのこと、ほんとうにおめでとう。

おおらかな富士子さんと、厳しくなる一方という中学受験。最初聞いたときは、正直いってピンときませんでした。でも、美春ちゃんを伸び伸び育てたいからこその選択だったのですね。慧眼、恐れ入りました。

それにしても、[1]富士子さんの期待にこたえて努力を重ねた美春ちゃんは偉いわ。これからも、スポーツに勉強にと存分に力を発揮することを祈っています。とりあえず本日はお祝いまで。

1 子どもをたたえるひと言を添えて。

◎浪人していた甥の大学合格を祝って――本人へ〈男・手・は〉

隼人、念願の○○大学合格おめでとう。[1]待ち望んでいた吉報でした。この喜びの陰には、隼人の一年間のたいへんな努力があったことと思います。みごと、実を結んでほんとうによかったね。

「合格したら」の約束だったDVD、さっそく配送の手続きをとりました。

約束を果たしてひと言。家族の協力がなければ、この日はなかったかもしれないよ。言葉に出すのは抵抗があるだろうが、心にはしっかり留めておきなさい。

充実した学生生活を送ることを祈ります。

1 浪人の場合は、「初志貫徹した意志の強さ、りっぱだと思います」。現役なら、「いまどきストレートとはおみごと」「一発で獲物を仕留めるとはさすがですね」など。

◎一般的な卒業、就職祝いへの返事〈男・女・手・は〉

先日は、[1]私の高校卒業と就職にあたり、ごていねいなお祝いをいただき、まことにありがとうございました。

　これからは、高校時代に習得した技術を生かし、早く仕事を覚えるよう、努力を重ねていくつもりでおります。

　どうか、いままで以上の[2]ご指導とアドバイスをお願いいたします。

　まずはお礼まで。

1「僕」「わたし」ではなく、社会人らしく「わたくし」を使うようにしたい。2ご指導ご鞭撻と書くべきところだが、漢語的な決まり文句では不自然なので年齢相応に。

◎一般的な卒業、就職祝い〈男・女・手・は〉

ご卒業おめでとうございます。

　就職も、ご希望どおりのところに入社が決まっているとのこと、重ねてお祝い申し上げます。[1]前途洋々の船出を前にして、喜びのなかにも決意を新たに帆を張り始めているところでしょうか。ご両親様も、さぞかしお喜びのことと存じます。

　今後のご多幸とご活躍を期待して、まずはお祝いまで。

1〈他の言い回し〉●会社でも思う存分お力を発揮してください。●厳しい情勢のなか、ご努力が実を結び…●女性が活躍できる職場と聞いており…

◎母親の誕生日を祝う〈女・手・は・箋〉

お母さん、お誕生日おめでとう。

昨年、私自身が母親になって、恥ずかしいけれど初めてお母さんのありがたさがわかりました。365日無休、子どもが小さいときは24時間フル稼働。こんなにたいへんなものだとは思いませんでした。私自身、お母さんにずいぶん生意気な口をきいていたことを思えば、親の苦労はまだまだこれからが本番なのかもしれませんけれど。

なぁんてね、電話では照れちゃって言えないので、久しぶりに手紙を書きました。

あらためて、おめでとう&ありがとう！

◎仲人をした夫婦の子の1歳の誕生日を祝う〈女・手・は・箋〉

皆様お元気でお過ごしのことと存じます。

朝美ちゃんが元気な産声を上げてから、もう一年がたとうとしているのですね。[1]さぞ愛らしくなっていることでしょう。洋子さんも、いちばんたいへんな時期をよく頑張りましたね。

朝美ちゃんの初めてのお誕生日を、私どもからもお祝いさせていただきたく、少しばかりですが、おもちゃを別送いたしました。

ご家族の幸福と、朝美ちゃんのすこやかな成長を願って、まずはお祝いまで。

かしこ

◎小学生の甥に誕生日のプレゼントを贈る〈女・手・は・箋〉

高志くん、七さいの　おたんじょう日、おめでとうございます。

まい日、元気に　学校へ　いっていると、おかあさんから　きいています。きゅうしょくも、いっぱい　たべているかな？　おたんじょう日の　おいわいに、高志くんのすきな　○○○の DVDを　おくります。また、おばさんのいえに　あそびにきてね。

※子どもへの手紙は年齢に合わせてやさしく書く。小学校低学年までは、文節ごとに少しスペースをあけて書くと読みやすいもの。ちょっとした気配りで心を伝えたい。

1 男の子なら「頼もしく」など。男女共通で「かわいい盛りですね」とするのもよい。発育度合いにはふれないほうが賢明。

◎習い事の先生の古希を祝う
〈女・手〉


このたびは、[1]古希をお迎えになられた由、[2]心よりお喜び申し上げます。もっとも、[3]いつもお若くはつらつとしていらっしゃるので、古希と伺っても、意外な感じがいたします。先生には親身なご指導を受けながら、少しも上達しない門下生で申しわけなく存じますが、どうかこれからもますますお元気で、私どもをお導きくださいませ。

　さらなるご活躍をお祈りし、まずはお祝いまで。

かしこ

1 賀寿の祝いは一般的に数え年で行い、六十一歳が還暦、七十歳が古希、七十七歳が喜寿、八十歳が傘寿、八十八歳が米寿、九十歳が卒寿、九十九歳が白寿。2 還暦、古希あたりまでは、第一線で活躍中の人も多く、祝われるのをいやがる人もいる。「おめでとう」の言葉を避けたほうがよいケースも。3 相手の励みになるような言葉を。

◎恩師の傘寿を祝う
〈男・女・手・は・箋〉


ご無沙汰お許しください。

　田中先生におかれましては、このたびめでたく傘寿を迎えられましたこと、大慶の至りに存じます。

　先生のご壮健は、平素のご摂生と田中式健康法のたまものでございましょう。私どももぜひあやかりたく存じます。

　このうえはさらにお体をたいせつに、ご健勝にてご長寿を重ねられますよう、心よりお祈り申し上げます。

◎賀寿のお祝い状への返事
〈男・女・は〉

拝復　紅葉の候、皆様にはますますご清栄にお過ごしのこととお喜び申し上げます。
　さて、このたびの私の古希にあたりましては、ごていねいなご祝詞を賜り、そのうえ過分なるお祝いまでちょうだいいたしまして、まことにありがとうございました。
　[1]週に一度のボランティア活動を楽しみに、まだまだ元気で働くつもりでございます。
　どうか皆様には変わらぬご支援をお願い申し上げます。

敬具

1 仕事や趣味、スポーツなどについての近況報告を添えると、親しみのある礼状に。

5 昇進、栄転、再就職のお祝い

基本 昇進、栄転のお祝い状 〈男・女・手・は〉

拝啓　陽春の候、ますますご健勝のこととお喜び申し上げます。

さて、[1]このたびは○○部長へご昇進なされた由、心からお祝い申し上げます。

[2]今後はさらに激務となり、ご苦労も多いかとは存じますが、いっそうのご活躍をなさることを確信しております。[3]どうか健康には十分お気をつけのうえ、才腕を発揮なさいますよう、心よりお祈り申し上げます。

敬具

1 栄転の場合は「○○支社へご栄転の由」 **2**〈他の言い回し〉●長年にわたるご精励と実績が認められた大抜擢…●日ごろのご活躍を思えば当然のことですが…●日々のご努力のたまものと拝察いたします。●重要拠点でのさらなるご活躍を期待し… **3**〈他の言い回し〉●いっそうのご奮励をお祈りいたします。●今後ますますのご健闘とご自愛のほど、お祈りいたします。●新任地でいっそうの敏腕をふるわれんことを…

◎昇進、栄転のお祝い状への返事〈男・女・は〉

拝復　平素はなにかとお世話になりまして、ありがとうございます。

また、このたびの[1]私の異動に際しましては、ご丁重なるご祝詞をいただき、心から御礼申し上げます。

[2]微力ではございますが、新しい立場に負けぬよう努力を重ねてまいる所存でございます。どうか、今後ともいっそうのご指導ご鞭撻を賜りますよう、伏してお願い申し上げます。

敬具

1 栄転の場合は「転勤」。自慢げな言葉は避ける。 **2**〈他の言い回し〉●新任地で初心に帰り…●身に余る重責を負い、まだとまどっており…●誠心誠意、職務を全うする覚悟で…●非才の身ではありますが…

◎昇進、栄転の判断がつきにくい取引先へ〈男・女・は〉

拝啓　このたびは◯◯支社へご転勤が決まったとのこと、[1]御社の大きな期待を担ってのことと拝察いたします。これまでのご経験を存分に発揮し、いっそうのご活躍をなさることを期待しております。

　これまでのご高配、心から感謝いたしつつ、今後ますますのご健闘とご自愛のほどをお祈り申し上げます。

敬具

1 ポストは上がっても、本人にとっては昇進と思えないケースも。迷うときは不用意にお祝いの言葉を書かない。

◎家族で海外赴任することになった友人へ〈女・手・は・箋〉

　このたびは、ご主人様がバンクーバーへご赴任とのこと、お聞きしたときには思わず、「うらやましい！」と叫んでしまいました。ともあれ、ご栄転おめでとうございます。

　国際感覚豊かなあなたのことですから、カナダの人たちとも積極的に交流して、ご主人様のお仕事をお助けになることでしょう。

　しばらくお会いできなくなって残念ですが、一時帰国のおりなどは、ぜひご連絡くださいませ。お体には気をつけてね。

かしこ

◎夫の上司の昇進を祝って、妻が出す手紙〈女・手〉

　花便りの盛んなこのごろでございますが、ますますご清栄のことと存じます。

　さて、このたびはめでたく取締役へご昇進とのこと、心よりお喜び申し上げます。

　[1]大きな責任のある地位につかれ、なにかとご苦労もあるかと存じますが、[2]なにとぞいっそうのご活躍をお祈り申し上げます。

　つきましては、心ばかりのお祝いを別便にてお送り申し上げましたので、ご笑納ください。まずは、略儀ながら書中にてお祝い申し上げます。

かしこ

1 「下馬評どおり」「長年の経験が認められたものと拝察」など、立ち入ったことや批評じみたことは書かない。

2 これからもよろしくという意味の言葉は誤解を招くので、相手の健闘を祈るだけにとどめる。

6 新・改築、住宅購入へのお祝い

◎一般的な新築、住宅購入へのお祝い〈男・女・手・は・箋〉

新緑の候となりました。ご家族の皆様にはお元気でお過ごしのことと存じます。

さて、このたびは[1]ご新居ご竣工とのこと、心からお喜び申し上げます。お子様の養育とご両親様のため一戸建てを、とのご計画はかねて伺ってはおりましたが、むずかしい時代にこんなにも早く実現させるとはと感服しております。

ほんとうにおめでとうございます。

敬具

1〈他の言い回し〉●ご念願のマイホームが完成なさいました由●ご新築おめでとうございます。●すばらしいマンションをご購入なされ…●木の香りも新しいマイホーム…

◎娘夫婦との二世帯住宅に改築した友人へ〈女・手・は・箋〉

ご改築が完成なさったとのこと、おめでとうございます。お嬢様宅とごいっしょとは、おにぎやかになって、まことにうらやましい限りです。[1]大きな決断をなさったお嬢様のご主人もごりっぱだと思います。

わが家も、息子夫婦との同居の話が出ており、どうすればお互い気持ちよく住み分けができるか検討中です。落ち着かれましたら、後学のために一度伺わせてくださいませ。

本日はとりあえずお祝いのごあいさつまで。


1「マスオさん」を思いやるひと言を。

◎新・改築、住宅購入のお祝いに対する返事〈男・女・手・は〉

拝復 このたびは私どもの新居完成（家の改築／転居）に際しまして、さっそくのお祝いをちょうだいいたし、まことにありがとうございました。
[1]緑豊かな環境だけがとりえという家ではございますが、ご家族でぜひ一度お出かけください。
お心づかいに感謝しつつ、まずはお礼まで。

敬具

1「ウサギ小屋」「安普請」など必要以上に謙遜したり、逆に自慢したりは見苦しい。〈他の言い回し〉●家の中より、窓からのながめのほうがいい…●荷物を運び入れるとすでに手狭な状態で…

7 開店、開業のお祝い

1 店を開いた人にとっては、客として店を訪れるのが一番のお祝い。

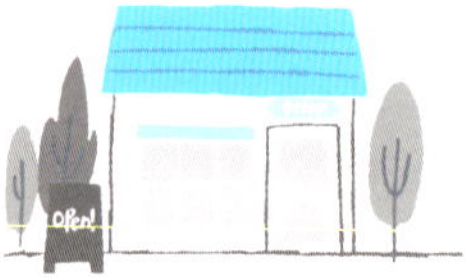

◎独立して自分の寿司店を開いた同級生へ〈男・女・は〉

開店のお知らせありがとう。夢がとうとう実現しましたね。

全く知らない世界に飛び込んで十五年。会社勤めをしているわれわれには、とうていわからないたくさんのご苦労があったことと思います。そのなかで腕を磨き、のれんを分けてもらえるようになったのは、ひとえに真ちゃんの努力のたまもの。友人として大きな誇りに思います。

1 近いうち仲間といっしょに「大将」のお寿司、食べに行きます。とりあえずお祝いまで。

◎一般的な開店、開業祝い〈男・女・手・は〉

いよいよご開店（独立ご開業）との朗報、心よりお祝い申し上げます。

1 こんなにも早く宿願を果たされたご努力と実行力には、ほんとうに敬服いたします。そのお力をもってすれば、ご盛業もまちがいなしと存じます。

いずれ近いうちに、お店を拝見かたがた伺わせていただきます。いっそうのご奮闘とご健康をお祈りし、まずはお祝いのごあいさつまで。

1 〈他の言い回し〉●○○様のお人柄ですから、さぞ繁盛することでしょう。●ご開店までのご苦労は並みたいていのものではなかったと拝察しておりますが…●円満に独立開業なさるとはさすが…

8 受賞（受章）、入選などのお祝い

◎ややあらたまった受賞（受章）祝い〈男・女・手・は〉

拝啓　爽涼の候、ますますご清栄のこととお喜び申し上げます。

さて、このたびは○○賞のご受賞、まことにおめでとうございます。すばらしきご栄誉に、心からお祝い申し上げます。

[1]日ごろのご精励が認められてのご受賞に、奥様はじめご家族の皆々様のお喜びもひとしおのことと存じます。

今後なおいっそうのご活躍とご発展を心よりお祈りし、略儀ながら書中をもってお祝い申し上げます。

敬具

1〈他の言い回し〉●多大のご尽力をなさったご功績による…●毎日培ってきた努力が花開き…●非常にむずかしいコンクールと聞いており●日ごろのたゆまぬ鍛練によるものと…●地道な精進が報われ…

◎友人の書道展入選を祝う〈男・女・手・は・箋〉

○○会書道展でのご入選、ほんとうにおめでとうございます。[1]書のことはまるでわからない私ですが、夏代さんの流麗な文字に心が洗われるような思いがして、作品を前に、ただため息をつくばかりでした。ふだんはモダンで活発な夏代さんが、こうして静的なご自分の世界も持っていらっしゃること、うらやましいと同時に尊敬の念をいだいております。

これからもますます「道」をきわめてくださること、期待しています。まずはお祝いまで。

1 素人なりの感想を心を込めて書く。

◎姪のピアノコンクール入賞を祝う
〈女・手・箋〉


萌ちゃん、○○ピアノコンクールの二位入賞、ほんとうにおめでとうございます。

何カ月も前からいっしょうけんめい毎日練習していたんですってね。萌ちゃんがピアノが得意なのは知っていたけれど、じょうずな子どもたちばかりが集まるコンクールだと聞いていたので、おばさんはちょっぴり心配していました。でも、すばらしい演奏ができて、そのうえいい結果が出たことは、とってもすてきなことだと思います。

りっぱなトロフィーをもらったみたいだけど、おばさんからも賞品。ほしがっていたゲームソフトを同封します。

小さなピアニストさんへ、おめでとう！　そしてお疲れさま！

◎取引先の社長の藍綬褒章受章を祝う〈男・手〉

拝啓　薫風の候、○○社長におかれましてはますますご清福のこととお慶び申し上げます。

さて、本日新聞発表で知りましたが、このたび藍綬褒章ご受章の運びとの由、心からお祝い申し上げます。

長年にわたる、地域の発展と○○産業の振興へのご功績ご尽力から申せば当然のこととはいえ、まことに喜ばしく存じます。また、同じ業界に生きる私どもにとりましても、大きな励みとなるものでございます。

今後ますますの貴社のご発展と○○社長のご健康をお祈りし、まことに略儀ながら書中をもってお祝い申し上げます。

敬具

1〈他の言い回し〉●ひとえに支えてくれた周囲のかたのおかげと…●不相応な賞に、身の引き締まる思いが…●まさに望外の喜びでありました。●同じ活動をしている仲間のたまたま代表として受けたものと…

◎受賞（受章）を祝われたときの返事
〈男・女・手・は〉


このたびは私の受賞に際し、ごていねいなるご祝詞をいただきまして、まことにありがとうございました。

今回の件は、[1]作品がすぐれているとか実力が秀でているからではなく、長く携わってきたことへの功労賞とか皆勤賞にあたるもの、と解釈しております。

これを一つの節目として、今後はさらに活動に励むつもりでおりますので、どうかご支援のほどよろしくお願い申し上げます。

9 退院、病気全快のお祝い

◎一般的な退院、病気全快のお祝い〈男・女・手・は〉

ご退院（ご病気全快）の吉報を受け、まずはなによりのこととお喜び申し上げます。[1]長期間のご闘病生活、心配いたしておりましたが、ご家族の真心のこもったご看病のたまものでございましょう。ご看護にあたられた[2]ご家族様にも、あわせてお祝い申し上げます。

　時節がら、くれぐれも病後をおたいせつになさってください。まずはお祝いまで。

1〈他の言い回し〉●思いのほか早いご退院で、ご家族の皆様もさぞご安心なさったことでしょう。●不断のご精進が回復を早めたと思われ…

2 看病にあたった家族へも、お祝いとねぎらいの言葉を。

◎お見舞いに行けなかった知人へ、けがの全治を祝う〈女・手・は・箋〉

このたびは、ご退院おめでとうございます。一度病院へと思っているうちに、予想以上に早いお床上げ、おめでたきことながら、お見舞いに伺うことがかなわず、まことに失礼をいたしました。

　今後は十分なご静養のうえ、無理をなさいませんようお祈りいたします。

　それでは、また元気なお姿にお目にかかれるのを楽しみに、まずはお喜びまで。

◎退院、全快祝いへのお礼の返事〈男・女・手・は〉

このたびは、私の退院（全快）に際し、お心のこもったお祝いのお便りをいただき、まことにありがたく厚く御礼申し上げます。

　おかげさまで病後も順調で、[1]○日から職場に復帰する予定と相成りました。

　病を得て、これまでの生活を見直すいい機会となりました。療養中に賜りましたあたたかいお心づかい、身にしみて深く感謝しております。

　今後も変わらぬご支援をお願い申し上げ、まずは、御礼のみにて失礼をいたします。

1〈他の言い回し〉●病前同様の生活ができるようになりました。●妻に付き添われ、朝の散歩も再開しました。●食欲も出てきました。

10 成功のお祝い

1 会の終了後花束を渡すときなどは、簡単な感想とお祝いの言葉を添えるとよい。

◎ピアノの発表会でじょうずに演奏できた姪へ〈女・手・箋〉

1 ショパンのワルツ、とてもすてきでしたよ。メロディーの端々にまで香織ちゃんの心が行き届いた演奏で、ほんとうに感動しました。練習の成果をそのまま本番で出すのはむずかしいこと。香織ちゃんがこれまでたくさん練習を積んできたからこそ、できたことだと思っています。
　きょうは、いい演奏をありがとう。

◎知人の個展の成功を祝う〈男・女・手・は・箋〉

本日、○○ギャラリーでの個展、拝見してまいりました。力強いタッチでの大作の数々、日ごろもの静かな松浦様の内なるパワーにふれたようで圧倒されました。残念ながらお目もじはかないませんでしたが、お客様もおおぜいおり、大盛況でした。

　ご成功、おめでとうございます。

　長年にわたって習作を重ね、この日を迎えられましたこと、お喜びはいかばかりかと存じます。

　これからも、さらにすばらしい作品を生み出されることを期待しております。

　とり急ぎご報告とお祝いまで。

◎雑誌で旧知の友人の成功を知って〈男・女・手・は・箋〉

○○中学で同期だった津島です。「月刊○○」の○月号で、思いがけずあなたの顔写真を見つけ、なつかしくなってペンをとりました。記事によれば、外食産業の雄とうたわれるほどのご成功をおさめていらっしゃるとか。学生時代から非凡なアイディアの持ち主と知ってはいましたが、今日のご成功、わがことのようにうれしく思います。
　当方は十年ほど前、親の跡を継ぐべく帰郷いたしました。こちらにお出かけの節はご一報ください。とりあえずお祝いまで。

5 お見舞い、弔事の手紙とはがき

1 病気や事故、災害へのお見舞い

基本 病気入院のお見舞い状――本人へ〈男・女・手・は・箋〉

前略　ご入院なさったと聞き、驚いております。[1]ご容体はいかがかと心配でなりません。

　さっそくお見舞いに伺いたいところですが、お気をつかわせてお体にさわってはと、[2]とりあえずお便りさしあげます。

　何か私にできることがありましたら、なんなりとお申しつけください。

　では、[3]一日も早いご回復を心からお祈り申し上げ、とり急ぎお見舞いまで。

草々

1〈他の言い回し〉●突然のご発病、ただただ驚いております。●日ごろは私どもを驚嘆させるほどお元気で…●手術は無事成功、術後も良好と承り…●ご病状のほどお案じ申し上げております。**2**入院当初は治療や検査で患者も忙しく、家族も落ち着かないので、直接病院に行くより、心を込めた便りを出すのがいちばんいいお見舞い。**3**〈他の言い回し〉●ふだん忙しいあなたに神様がくれた休暇と思って…●ご無理をなさらず、ご療養を第一に…●一日も早くまた元気なお顔に会えるよう…●○○病院は評判のよいところと承り…

◎病気入院のお見舞い状――本人の家族へ〈女・手・は〉

　このたびは奥様がご入院なさったとのこと、ただもう驚いております。ご病状はいかがでしょうか。[1]ご家族の皆様もさぞご心痛のことと存じます。

　近々お見舞いに伺うつもりではございますが、一日も早いご本復をお祈り申し上げます。

　ご家族様もご看護のお疲れが出ませんようご自愛くださいませ。

かしこ

1家族に対しては、その心配を思いやる言葉や、看病へのねぎらいの言葉を。

◎あとから知人の入院を知って
〈女・手・は〉

前略ごめんくださいませ。先月よりご入院の由、きょうになって大塚さんから聞き、驚いております。全く存じませんで、たいへんご無礼をいたしました。
[1]大塚さんのお話によれば、術後の経過はすこぶる順調で、すでにリハビリに励んでいらっしゃる段階とのこと。少し安心しました。
近日中にお見舞いに伺いますが、十分なご療養と一日も早いご回復を、まずはお祈り申し上げます。

草々

1 入院中の人はデリケートになっているので、なるべく明るい話題をさがして。

◎転んで骨折した友人へ
〈女・手・は・箋〉


このたびは思いがけずご入院とのこと、その後いかがですか？　このところ足元の悪い日がつづいておりましたから、きっとそのせいなのでしょう。ふだんからスポーツで鍛えていらっしゃるあなたのこと、きっとご回復も早いことと思いますが、無理をせず養生にお努めください。

すぐにでもお見舞いに駆けつけたいのですが、子どもが騒いでご迷惑をかけてはと思い、気持ちをとどめております。

とりあえずお見舞いの気持ちだけ、先に。

◎家族が書く、お見舞い状への返事〈男・女・手・は〉

このたびの主人（家内、母……）の入院に際しましては、ご丁重なお見舞い状をちょうだいいたし、まことにありがとうございました。また、家族にまで思いやりあるあたたかいお言葉をいただき、心より感謝いたしております。
[1]おかげさまで経過は順調で、もうしばらくで退院のめどがつきそうですので、他事ながらご休心ください。
時節がら、本間様もご自愛ください。

まずはお礼まで。


1〈他の言い回し〉●幸い、手術も無事成功いたしまして…●後遺症も残らない見込みとのことで…●短時間なら話ができる程度には回復し…

◎子どもが交通事故で重傷を負った友人へ〈女・手・は〉

浩平くんが事故にあってご入院と聞き、がく然としております。命に別状はないとのことですが、小さい体で大きな傷と闘っている浩平くんのことを思うと、涙があふれてきます。また、あなたのご心配もいかばかりかと……。

ご面会できるようになったらお見舞いに上がりたいと思いますが、きょうのところは、とりあえずはがきで失礼をいたします。

◎火事で自宅が全焼した親戚へ〈女・手・は〉

昨日、母より連絡を受けました。[1] たいへんなことになり、言葉もありません。ただ、ご家族の皆様に大きなけががなかったことが、せめてもの救いと感じております。

幼い子どもをかかえ、お手伝いに伺いましてもご迷惑なので控えさせていただきます。せめてもの気持ちに、当座の品を母にことづけましたので、お使いいただければ幸いです。

お役に立てず、ほんとうに申しわけありません。本日はとり急ぎお見舞いまで。

1 「火事」「全焼」などの生々しい言葉は使わないほうが相手を刺激しない。

◎本人が書く、お見舞い状への返事〈女・手・は・箋〉

おやさしいお見舞いのお便り、うれしく拝読いたしました。たいした事故ではなく、お知らせするほどのものではありませんでしたの。主人がよけいなことを申し上げたため、ご心配をおかけし、恐縮しております。

おかげさまで、ふだんと変わらない暮らしができておりますが、さつきさんの言うとおり、あまり無理はしないようにいたします。

ほんとうにお心づかいありがとう。またね。

◎災害見舞いを受けたときの返事〈男・女・手・は〉

先日はさっそくのご親切なお見舞い、まことにありがとうございました。

　このようなことがわが身に降りかかろうとは、想像だにしておりませんでした。当初は呆然自失の状態でしたが、家族が皆無事であったことをなによりの宝と思い直し、現在は、従前どおりの暮らしをとり戻すことができました。

　片山様のあたたかいお励まし、心から感謝申し上げます。本日はまずはお礼まで。

◎水害にあった親戚へ現金を同封する〈男・女・手・箋〉

台風○号の被害で床上浸水のご被害にあわれた由、心からお見舞い申し上げます。

ただ、ご家族のどなたにもおけががなかったこと、なによりでございました。このうえは、一日も早く元どおりの生活ができますよう、お祈り申し上げます。
　[1]失礼とは存じますが、些少ながら気持ちを同封させていただきます。また、何か私どもにできることがありましたら、ご遠慮なくお申しつけください。
とり急ぎお見舞いまで。

1〈他の言い回し〉●さしあたりご入用と思い、衣類を少々…●現金でまことに失礼ですが…●とりあえず日用品を少しお送りしましたが、何かほかに必要なものがあればなんでも…

基本 香典に添えるお悔やみ状
——急逝の場合〈男・女・手〉

1ご主人様の急逝のご訃報に接し、心よりお悔やみ申し上げます。

昨年懇親会でお会いした際の元気なお姿の印象が強く、まだとても信じられない思いでおります。突然のご他界、まことにおいたわしく、残念でなりません。

奥様におかれましても、ご悲嘆のほど、心からお察し申し上げます。お慰めする言葉も見つかりませんが、どうかご自愛なさってください。

遠方ゆえお参りすることがかなわず、申しわけございません。失礼ながら心ばかりのお香典を同封いたしましたので、ご霊前にお供えくださいますようお願いいたします。

まずは謹んでご主人様のご冥福をお祈りいたします。

1 お悔やみの手紙は、時候のあいさつなどは省き、すぐ用件に入る。親しい相手に出すときも、一定の形式は守って。〈他の言い回し〉●突然のご訃報に接し、ただただ驚いております。●あまりに突然のご悲報に呆然として…●一瞬にして帰らぬ人となってしまうとは、人の世のはかなさを感ぜずにはおれません。

基本 香典に添えるお悔やみ状
——高齢の場合〈男・女・手〉

ご尊父（ご母堂）様ご逝去の報に接し、謹んでお悔やみを申し上げます。1ご高齢とは申しましても、あとに残されましたご家族様のお悲しみとお心残りはいかばかりかとお察しいたします。

2残念ながら告別式に参列することができませんが、お許しください。

同封のものは、まことに些少ですがご霊前にお供えくださいますよう、お願い申し上げます。

3合掌

1〈他の言い回し〉●しばらく小康状態と承っておりましたが…●先日お見舞いに伺いましたおりは顔色もよく…●ご家族のあたたかいご看護を受けながら…●ご家族の皆様がことのほかご孝養を尽くしていらっしゃっただけに… 2 葬儀に参列するほどの関係ではないが、お香典だけはというケースの言い方。〈他の言い回し〉●いずれお線香をあげさせていただきたいと存じますが…●あいにく家をあけることができぬ状態で… 3 相手が仏教の場合のみ。

◎亡くなったことをあとから知って、線香を送る〈男・女・手〉

ごていねいにお便りをいただき、ありがとうございました。

知らぬこととはいえ、お悲しみのなかにぶしつけな年始状をお送り申し上げ、まことに失礼をいたしました。

福田様と私は三十年ほど前の同僚でございました。最近はお会いする機会もございませんでしたが、年始状のやりとりのなかで、幸福な余生を送っていらっしゃる旨、毎年書き送ってくださっていただけに、残念でなりません。

遠出のできない私にかわりまして、香を少々お送りいたします。ご霊前でたいていただければありがたく存じます。

まずは謹んでお悔やみ申し上げます。

◎一般的なお悔やみへの礼状〈男・女・手〉

このたびはお心のこもったお手紙に添えて[1]お志までちょうだいいたしまして、ありがとうございました。

[2]当初は、悪い夢でも見ているようでしたが、皆様がたからあたたかいお励ましをいただくうち、悲しんでばかりはいられないと、前を見つめる気持ちを持てるようになりました。

どうか今後も私どもをお見守りくださいますよう、心よりお願い申し上げます。

まずは御礼のみにて失礼をいたします。

1 品物の場合は「お供物」。 **2** 〈他の言い回し〉●なにぶんにも突然のことで呆然自失の日々を送っておりましたが…●苦しまずに逝ったことがせめてもの慰め…●将来のある子どもたちのため、一日も早く立ち直らなければ天国の主人にしかられると…●気をとり直して供養に努めることに……

基本 会葬へのお礼〈男・女・手・は〉

先般、亡父敏明（法名〇〇〇〇〇）の永眠に際しましては、ご多用中にもかかわらず、[1]また、あいにくの天気で足元のお悪いなか、ご会葬を賜りましてまことにありがとうございました。ちょうだいしたご弔慰、ご芳志に、心より御礼申し上げます。

当日はとり込んでおりまして、なにかと不行き届きの点もあったかと存じます。失礼の段、お許しください。

本来ならばさっそく参上して御礼を申し上げるべきところ、まずは略儀ながら書中をもってごあいさつにかえさせていただきます。

平成〇年〇月〇日

東京都千代田区神田駿河台二―九
喪主　中川龍一
妻[2]　中川シズ
女　佐藤淳子
外　親戚一同

1 後日あらためて会葬礼状を出すときは、当日の状況などを踏まえた内容に。葬儀の当日に渡す場合は、印刷所や葬儀社のサンプルから選ぶケースがほとんど。2 故人からみた続柄。子どもは長男、次女などとはせず、単に男、女とするのが通例になっている。

◎遠方から葬儀に参列した母の友人へ〈男・女・手・は〉

亡き母、三津子の葬儀に際しましては、[1]遠路はるばるお参りいただき、まことにありがとうございました。そのうえ、母がこよなく愛していた故郷のお菓子やお志までちょうだいいたしまして、恐縮しております。

女学校の同窓生である横手様のお話は、かねて母よりいくたびも聞いておりました。長年にわたるご友情が、晩年の母を支えてくれていたのはまちがいありません。

母が生前賜りましたご交誼に心より感謝申し上げ、お礼とさせていただきます。

1 〈他の言い回し〉●酷暑（厳寒）のなかご会葬賜り…●ご多忙中にもかかわらず…●雨天にもかかわらず…

◎会葬と手伝いのお礼――亡夫の上司へ〈女・手〉

先日はお忙しいなか、亡夫正雄の葬儀にご参列いただき、まことにありがとうございました。そのおりはとり込んでおり、また私自身もとり乱しておりまして、十分なごあいさつもできず、たいへん失礼をいたしました。また、部員の皆様には受付、会計など諸般にわたるお手伝いをいただき、心より厚く御礼申し上げます。

同封のビール券は、私どもからのささやかな感謝のしるしでございます。部員の皆様とともにお使いいただければ幸甚に存じます。生前のご厚情にあらためて感謝いたし、まずは略儀ながら書状にて御礼申し上げます。

かしこ

◎クリスチャンだった亡父への弔問のお礼〈男・女・手〉

このたびの亡夫清正の葬儀に際しましては、悪天候のなかご参列いただきまして、まことにありがとうございました。そのうえ、過分な[1]るお花料までちょうだいいたしまして、厚く御礼申し上げます。たくさんのかたとお別れができ、父も喜んでいることと存じます。

重い病であることは父も当初から知っておりましたが、最期まで冷静さを保ち、安らかに逝った態度は、実父とはいえ尊敬しております。私どもも父を見習い、強く生きねばと決意をしているところでございます。

落合様には拝眉のうえ、御礼申し上げるべきところ、まことに略儀ながら書中をもちまして謹んでごあいさつ申し上げます。

1 神式の場合は「玉串料」「御榊料」。御香典、御霊前という言葉は、仏式以外ではふつう使わない。

◎葬儀後に、亡夫の友人に死亡を知らせる〈女・手〉

突然のお手紙失礼いたします。実は、夫の和夫が去る○月○日、不慮の交通事故のため急逝いたしました。[1]出張帰りに雨天のなか自分で車を運転し、スリップしてガードレールに激突したもので、即死状態だったようです。

なにしろ思いもかけぬことで、私もとり乱しており、生前、特に親しくしていただいた西尾様へのご連絡を忘れたことを、葬儀が終わってからようやく気づくありさまでした。ここに謹んでおわび申し上げます。

[2]事後にこうしてお便りするのは心苦しいのですが、お知らせしないままでいるのは失礼と思い直し、重い気持ちで筆をとりました。

生前のご厚情に感謝しつつ、まずはお知らせ申し上げます。

1 死因は簡単に。2 知らせることで、香典など相手に負担をかけることになるので、その点でもおわびを。

6 案内、お誘いの手紙とはがき

1 結婚披露パーティーの案内状

基本 結婚披露宴の招待状——親の名で出すとき

謹啓　錦繍の候、ますますご清栄のこととお慶び申し上げます。
　さて、このたび篠原亮作様ご夫妻のご媒酌により、晴彦長男和彦と智明長女みゆきの婚約相ととのいまして、来る十一月三日結婚式をあげることになりました。
　つきましては今後とも幾久しくご懇情を賜りますよう、ご披露かたがた粗餐をさしあげたく存じます。ご多用中まことに恐れ入りますが、なにとぞご来臨の栄を賜りたくお願い申し上げます。

敬具

記

日時　平成○年十一月三日（○）午後五時
場所　○○閣　末広の間（電話　一二三―××××）

平成○年○月吉日

後藤　晴彦
板倉　智明

※お手数ながら、同封の葉書でご来否を十月十五日までにお知らせくださいますようお願い申し上げます。

※結婚式場やホテルを利用する場合はひな型があるのでそれを使う。レストランや料亭で行う場合も、親の名で招待状を出すときは一定の形式に添った文章に。

基本 結婚披露宴の招待状——本人名で出すとき

拝啓　新緑の候、皆様にはますますご清祥のこととお慶び申し上げます。
　さて、このたび私どもは太田　肇様ご夫妻のご媒酌により結婚式をあげることになりました。つきましては、将来にわたりいっそうのご交誼を賜りたく、心ばかりの披露をいたしたく存じます。ご多用中とは存じますが、ぜひご出席くださいますようお願い申し上げます。

敬具

記

日時　平成○年六月一日（○）午後一時
場所　カザルスホテル　白鳥の間

平成○年五月吉日

川村　龍一
松田　文代

※なお、準備の都合上、同封のはがきで五月十五日までにご来否をお知らせくださいますようお願いいたします。

※親の知人に出すときは、「若い二人をお励ましいただきたく、ご光来いただければ幸いです」などと親からひと言添えて。

◎本人から出す結婚披露パーティーの招待状

涼風が心地よい季節となりました。

さて、このたび私ども、縁あって結婚することになりました。つきましては、日ごろお世話になっている皆さんにお集まりいただき、ささやかなパーティーを開きたいと存じます。お忙しいこととは存じますが、ぜひご出席くださいますよう、お願い申し上げます。

なお、当日は気軽に歓談できる会にしたいと考えておりますので、平服にてお越しくださるよう、お願いいたします。

記

と　き：十月十日（○）午後六時
ところ：1レストラン「オー・ド・ヴィ」
○○区○○一―二―三
☎○二―××××―四五六七

平成○年九月吉日

河野　憲明
花川　陽子

※まことに勝手ながら、ご出欠のはがきを九月三十日までにご返送ください。

1レストランを会場にするときなどは、住所、電話を必ず入れる。

◎発起人の友人が出す案内状〈封書・往は〉

落合正広君・木村晴美さん
結婚祝賀パーティーのご案内

われわれのよき友人であるお二人が、このたびめでたくご結婚の運びとなりました。

格式ばった式は行わないとのことでございますが、お二人の前途を祝し、祝賀パーティーを催したいと存じます。

皆様にはご多忙な時期かと存じますが、一月下旬にはご夫妻でニューヨークへ赴任することが決まっているため、万障お繰り合わせのうえご出席くださいますよう、お願い申し上げます。

記

日時　一月十五日（○）午後六時
場所　レストラン「チャ・チャ・チャ」
銀座四丁目（☎○三―××××―四五六七）
会費　一〇〇〇〇円（お二人への記念品代含む）

平成○年十二月吉日

発起人代表　佐藤　洋介
中田　真奈

※準備の都合上、ご出欠のご返事を一月八日までにお知らせください。

2 クラス会、同窓会の案内状

◎久しぶりのクラス会の案内状〈男・女・往は〉

第一中学旧305クラス会のお知らせ

師走に入り、皆様お忙しい毎日を過ごしていらっしゃることと存じます。

早いもので卒業して12年がたちました。クラスメイトともしばらくご無沙汰というかたも多いのではないでしょうか。

1 担任の東先生は現在山手高校校長を務められており、来春でご退職となります。恩師を囲み、久々に旧交をあたためてはと、クラス会を企画いたしました。

年末ご多用の時期ではありますが、多数の皆様の出席をお待ちしております。

記

日時　12月30日(◯)午後6時
場所　菊寿司(本町2丁目 ☎××××-4567)
会費　7000円(先生への記念品代込み)

幹事　三浦　剛
(☎020-×××-6543)

※準備の都合上、出欠を12月23日までにお知らせください。

1 恩師の近況などを入れ、通り一ぺんの案内状にならないよう配慮する。

◎恒例の同期会の案内状〈男・女・往は〉

港南高校第25期同期会のご案内

今年も同期会の季節がめぐってまいりました。働き(働かされ)盛りの年齢となり、皆ふだんは全国各地あるいは海外へと散っておりますが、帰省ついでに、そんな各地の話を在郷のメンバーにもお聞かせください。

記

日時　8月14日(◯)午後7時
場所　鳥政(元町1丁目 ☎××××-4567)
会費　5000円

幹事　松川　伸泰
(☎020-×××-6543)

※準備の都合上、出欠を8月5日までにお知らせください。

◎恩師あてのクラス会の招待状〈男・女・手・往は〉

拝啓　時下ますますご清栄のこととお喜び申し上げます。

さて、このたび中央高校第10期3年E組卒業生のクラス会を開催することになりました。先生にもぜひご臨席を賜りたく、ご案内申し上げます。**1**本来ならば先生のご都合を伺いまして日程を調整すべきところでしたが、時期的に会場を確保するのが先決となりましたこと、深くおわび申し上げます。

ご多忙中とは存じますが、どうぞよろしくお願い申し上げます。

敬具

記

一、日時　12月29日(○)　午後6時30分
一、場所　オリエンタルホテル「桃園」

追伸　なお、ご出欠のご返事は、幹事の田島あて同封のはがきかお電話(☎××××－4567)で12月20日までにお願いいたします。

1 先に日程を決めたときは、ひと言おわびを。

3 忘年会・新年会、歓送迎会の案内状

◎一般的な忘年会・新年会の案内状〈男・女・手・往は〉

「○○の会」忘(新)年会のお知らせ

本年も残すところあとわずかとなり、皆様にはなにかとお忙しい時期と存じます。

さて、今年も左記のとおり、忘(新)年会を開きます。メンバーの中山さんが来春ご結婚とのことで、肴には事欠きません。どうぞ皆様お誘い合わせのうえご参加ください。

記

日時　○月○日(○)　午後7時
場所　麦酒館(JR○○駅前☎××××－4567)
会費　5000円(当日ご持参ください)

※会場準備の都合上、ご返事は12/15までに!

◎異動で戻った同期を歓迎する会のお知らせ〈男・女・は・往は〉

1 同期入社の○○さんが、このたびの人事異動で本社に戻られました。入社して8年、転職したり家庭に入ったりと同期もさまざまな選択を行って現在に至っていることと思います。今回、○○さんの歓迎会に名を借りて、久々に顔を合わせ、近況を報告し合おうと、集まりを企画いたしました。多数の皆様のご参加をお待ちしております。

記

日時　○月○日（○）　午後7時
場所　新宿ワインハウス（☎××××－4567）
会費　未定（5000円前後）

※お手数ですが、出欠のご返事を山崎までお知らせください。
（☎020－×××－6543,yamayama@a-net.or.jp）

1 「歓迎会のお知らせ」などのタイトルをつけない場合は、要件を冒頭に書いて相手にわかりやすく。

◎留学する友人の送別会のお知らせ〈男・女・手・往は〉

植木涼子さんをイギリスへ送る会のご案内

このたび、植木さんが○○社を退社し、2年間の予定でロンドンへ語学留学することになりました。そこで友人一同集まりまして、植木さんの前途を祝して壮行の会を催したいと存じます。

1 ○月○日（○）午後6時から、ホテルクラシック12階「シャトレーヌ」にご参集ください。費用は植木さん分のみご招待とし、割り勘とさせていただきます。会場予約の都合上、出欠を○月○日までにご返送ください。

多数のかたのご参加をお待ち申し上げます。

村上　悟
（☎××××－4567）

1 日時などを別記しないときは、なるべく簡潔に。

6
案内、お誘いの手紙とはがき

◎自宅で行う父親の喜寿のお祝いに招く〈男・女・手・は〉

梅のつぼみに春のけはいを感じるこのごろとなりましたが、皆様にはお変わりなくお過ごしのことと存じます。

さて、来る三月五日、父清一が七十七歳の誕生日を迎えます。つきましては、同日午後七時より、ごく内輪で心ばかりの喜寿の祝いの宴を催したいと存じます。

ご多用中まことに恐縮ですが、父も楽しみにしておりますので、[1]ご家族で拙宅までお出かけくださいますよう、お願い申し上げます。

まずは、ご案内かたがたお願いまで。

1 近況や喜寿を迎える本人の喜びをひと言添えるとよい。

◎絵画のグループ展に招く〈女・手・は・箋〉

芸術の秋、などと申すのはおこがましいのですが、このたび、教室でごいっしょしているメンバーとグループ展を開くことになりました。

まだまだ未熟な作品ばかりでお恥ずかしいのですが、今後のためご感想などお聞かせ願えればと思い、ご案内いたします。

※ポストカード形式の案内状にお誘いの言葉を付記するケース。スペースに余裕がなければ後半の3行だけでも。

◎習っている日舞の発表会に招く〈女・手・箋〉

美容体操のつもりで習い始めた日本舞踊ですが、わが身の情けなさに悄然としながら、三年目の春を迎えました。今年は初めて発表会の舞台を踏むことになり、恥を忍んでお知らせいたします。とても人前でお見せできるものではないのですが、ドタバタ喜劇を見るつもりでおいでいただけませんでしょうか。会場などくわしいことは、招待券の裏に書いてあります。[1]お時間がありましたらどうぞ。

1 誘うときは強引にならないよう注意。

◎小学校の卒業謝恩会の案内〈女・手（印刷）〉

南小学校「卒業を感謝する会」へのお誘い

平成○年○月○日
6年PTA役員一同

子どもたちの新しい旅立ちのときを間近に控え、皆様にはお忙しくお過ごしのことと存じます。
さて、子どもたちの卒業を祝い、あわせてお世話になった先生がたに感謝申し上げるため、ささやかなパーティーを企画いたしました。親子そろっての昼食とゲームで楽しいひとときを過ごしたいと存じますので、ぜひともご出席くださいますようお願い申し上げます。

記

日時　3月15日（○）午前11時～午後2時（卒業式終了後）
場所　○○会館
会費　親子1組3000円（子どものみ参加の場合1000円）
内容　昼食（仕出し弁当）後、賞品つきのゲームを行います。
出欠　下の出欠票に[1]会費を添え、お手持ちの封筒に入れて3月5日までに担任の先生へご提出ください。

以上

3月15日の「卒業を感謝する会」に
親子で出席
子どもだけ出席
欠席
（いずれかに○をつけてください）
お子さんのお名前（　　　　　　　　　　）

1 目立たせたい個所にはアンダーラインを。

◎幼稚園のクラス親子レクリエーションのお知らせ〈女・手(プリント)〉

さくら組の親子で○○公園へ
出かけませんか？

クラス役員一同より

入園から２カ月、子どもたちの明るい歓声が園庭に響きわたる季節となりました。子どもたちはもうすっかり仲よくなり、新しいお友だちの名前がご家庭でも聞かれるようになったころと思います。

さて、このたび初めてのクラスレクリエーションを企画しました。

春の一日、親同士も親睦を深めるため、ぜひご参加ください。

記

集合日時	６月30日(土)11時30分の降園時間に正門前
持ち物	親子分のお弁当、水筒、敷物
会　費	300円(ゲームの賞品とおやつ代。当日集めます)

☆特に出欠はとりませんので、お気軽にご参加ください。

◎初節句の祝宴に叔母を招く〈女・手・は・箋〉

春の到来が待ち遠しい季節となりました。

さて、来る三月三日は、遥の初節句にあたります。盛大なことはできませんが、いつも遥をかわいがってくださる叔母様には、いっしょに祝っていただきたくご案内申し上げます。[1]当日は双方の両親と夫の姉夫婦が同席の予定です。

ささやかながらお祝いの昼食をご用意いたしますので、午前十一時ごろおいでくださいませんか。お待ちしております。

かしこ

1 内輪の集まりの場合は、メンバーを知らせると親切。

5 その他のお誘い

——電話でなく便りを書きたいのはこんなとき——

「○○しませんか」「家にいらっしゃいませんか」など、何かお誘いしたいとき、私たちはごく気軽に電話で用件をすませがちです。もちろん、そのほうが話が早い場合もあります。しかし、状況によっては、便りを出すほうが、相手にとっても自分にとっても便利なことがあるのです。

たとえば、

- 正確に伝えたい情報、こまかな情報があるとき
- 数人に同じことを伝えたいとき（コピーなど）
- 多忙で電話のタイミングがつかめないとき
- 体が弱いなど電話口まで呼ぶのをためらうとき

など、相手を思いやれば受話器よりペンに手がいくというケースが日常には多くあるものです。

◎転居通知を兼ねた、新居へのお誘い〈男・女・手・は〉

——住所や電話番号は書面で正確に伝えたい——

紅葉の候となりましたが、皆様にはお元気でお過ごしのこととお喜び申し上げます。

さて、このたび左記の住所に転居いたしました。小さな物件で、お招きするのも心苦しいのですが、○月○日（○）午後5時ごろから、親しい皆様とささやかなパーティーを催したく、ご案内申し上げます。[1]どうかお気軽にお出かけください。お待ちしております。

地図

〒123－4568
東京都世田谷区経堂×－×－×
経堂ハイツ901号室
桜田　知之
みのり
Tel（03）9876－5432

1 新居祝いなどは無用、という意味で。
※住所の地番や電話番号などを正確に伝えるために、情報部分は楷書体で読みやすく。
※各種パーティーへのお誘いは、便りを出すことで、相手の控えがわりにもなります。

◎叔母を温泉旅行に誘う〈女・手・は・箋〉

――季節のご機嫌伺いや近況報告を兼ねて――

鯉のぼりが春風に泳ぐ季節となりました。お正月にお会いしたときは、神経痛でひざが痛むとおっしゃっていましたが、その後いかがですか。少しあたたかくなって、お体の調子もよくなっているとうれしいのですが。

実は、五月の連休明けに、母といっしょに○○温泉への旅行を計画中です。叔母様もごいっしょしませんか。[1]○○温泉は神経痛やリウマチに効くといわれ、食べ物もおいしいところ。三人で行けばもっと楽しいと思います。

また近くなりましたらご連絡さしあげますが、考えておいてくださいね。

かしこ

1 旅行先の魅力を書き添え、相手の興味をそそるような誘い方を。

※実用的な手紙と違い、ご機嫌伺いの便りは、受けとる側のうれしさもひとしおです。そんな便りのやりとりのできる相手がいること自体、幸せなこと。出す側も形式にこだわらず、親しみを込めた文面にします。

※高齢者、病床についている人、足腰に持病をかかえている人などは、電話口まで行くのがたいへんな場合もあります。急ぎの用件でなければ、便りを出したほうが相手にとって親切です。

基本 お誘いを受けたときの返事〈男・女・手・は・箋〉

前略　[1]お心のこもったお誘いのお便り、とてもうれしく拝見しました。お招き、まことにありがとうございます。お言葉に甘えて、お伺いいたします。

[2]久しぶりにゆっくりお話しできるのを楽しみにしております。

とり急ぎ、お礼とご返事まで。

草々

1〈他の言い回し〉●ご案内状、ありがたく拝受いたしました。●ご祝宴へのお招き、光栄に存じます。

2〈他の言い回し〉●日ごろのご厚誼に甘え、遠慮なく参上します。●あらためて、○○おめでとうございます。●幹事の皆様、まことにご苦労さまです。

7 通知、あいさつの手紙とはがき

1 転居、転勤の通知

基本 転居通知を兼ねた転勤のあいさつ〈男・女・手・は〉

拝啓　仲春の候、皆様にはご健勝のことと存じます。

さて、私こと、このたび人事異動に伴い、○○株式会社青森支店への転勤を命ぜられ、過日着任いたしました。東京本社在勤中はいろいろお世話になり、まことにありがとうございました。今後ともよろしくお引き立てのほど、お願い申し上げます。

なお、転勤に伴い家族も左記へ移転いたしましたので、ご通知申し上げます。

敬具

（新しい自宅住所・氏名・電話番号）

※文章はやや平易にし、家族についてもふれる。

◎ビジネス用の転勤通知〈男・女・手・は〉

拝啓　春暖の候、皆様にはいよいよご清栄のこととお喜び申し上げます。さて私こと、このたび○○支店勤務を命ぜられ、このほど着任いたしました。△△支店在勤中は公私ともにひとかたならぬご指導とご厚情を賜り、厚く御礼申し上げます。

新任地におきましても、誠心誠意任務に専念する所存でございますので、なにとぞいっそうのご指導ご鞭撻を賜りますよう、お願い申し上げます。

まずは略儀ながら書中をもちまして御礼かたがたごあいさつ申し上げます。

敬具

平成○年○月○日

川口　龍仁

（勤務先住所・電話番号）

（自宅住所・電話番号）

※儀礼的な転勤通知は、文面はほとんど決まっている。印刷所などにひな型もある。

基本 住所移転通知〈男・女・手・は（印刷）〉

すがすがしい毎日がつづいておりますが、皆様お変わりありませんか。

さて、私ども、このたび社宅を出て、左記へ転居いたしました。お手数ですが住所録の訂正をお願いいたします。

1 新居は、通勤にはやや不便ですが、◯◯公園にほど近く、朝、小鳥の声で目覚める幸せを味わっております。

2 お近くへお越しの節は、ぜひ一度お立ち寄りください。

平成◯年◯月

（家族の氏名）

（新住所・電話番号）

1 〈他の言い回し〉●ＪＲ◯◯駅から徒歩二十分ほどのところに…●猫のひたいほどの庭でさっそくガーデニングを…●故郷より母を呼び寄せ、家族もふえました。 2 遠方の人へも一律に入れるのが慣例。

◎単身赴任で転勤することを友人に知らせる〈男・手・は〉

前略　このたび、秋の人事異動で高知支店に転勤となり、過日着任しました。子どもが中学に入り、やむなく（ほんとうだよ）単身赴任です。釣りの好きな君にはうらやましい話だろうね。実際、魚がうそのように安くてうまいのでびっくりしています。

出張のおりには、ぜひご一報を。店をいろいろ開拓しておきます。

草々

（新住所・氏名・電話番号）

2 退職、転職のあいさつ

基本 ビジネス兼用の中途退社のあいさつ〈男・女・手・は（印刷）〉

寒中お見舞い申し上げます。

さて、私こと、[1]このたび都合によりまして、○○株式会社を円満退社いたしました。入社以来○年、多くの尊敬する先輩とよき友人に恵まれ、充実した仕事をさせていただきました。在勤中の公私にわたる格別のご厚情に、心より御礼申し上げます。

今後はしばらく充電ののち、新しいスタートを切るつもりです。なにとぞ今後とも変わらぬご厚誼のほどをお願い申し上げます。

末筆ながら皆様のご健康を心よりお祈り申し上げ、ごあいさつとさせていただきます。

1「リストラ」「夫の転勤でやむなく」などあからさまには書かない。〈他の言い回し〉●一身上の都合により…●家業を継承するため…●故郷で老親の介護にあたるため…

◎ビジネス兼用の転職のあいさつ〈男・女・手・は（印刷）〉

拝啓　麗暖の候、皆様にはますますご清祥のこととお喜び申し上げます。

さて、私こと、このたび三月末日をもって○○株式会社を円満退社いたし、△△株式会社へ移籍することとなりました。いままでの経験を生かし、さらに努力を重ねる所存でございます。

[1]○○に在社中は格別のご高配を賜り、厚く御礼申し上げます。今後とも従前同様のご指導を賜りますよう、お願い申し上げます。

右、略儀ながら書中をもってごあいさつとさせていただきます。

敬具

1前の会社での知人に出す場合が多いので、立ち入った事情などは書かない。

基本 定年退職のあいさつ〈男・女・手・は（印刷）〉

謹啓　秋冷の候、皆様にはお元気でお過ごしのことと存じます。

　さて、私儀、十月末日をもって、1三十八年間にわたって勤めてまいりました○○株式会社を定年退職いたしました。大過なくこの日を迎えることができましたのは、ひとえに皆様からいただいたご厚情のおかげと心から御礼申し上げます。

　2今後は趣味の庭づくりの勉強に励むかたわら、これまでの罪ほろぼしに家族で旅行などもゆっくり楽しみたいと考えております。

　皆様には末永いご指導をお願い申し上げ、略儀ながら書中をもってごあいさつとさせていただきます。

謹言

1〈他の言い回し〉●在職中は格別のご高配を賜り、おかげさまで大過なく定年を迎える運びとなりました。●このたび定年と相成り、この○月をもって○○株式会社を退職することになりました。2あまり湿っぽくならないよう、前向きの話題を心して入れる。私的なつきあいの人にも出す場合は、家族についてふれても。〈他の言い回し〉●引きつづき、関連会社で経理業務にあたることが内定しております。●しばらく休養ののち、第二の人生をまた切り開くつもりでおります。●いままで目を向けられなかった奉仕活動に携わろうと考えております。

◎退職のあいさつ状への返事〈男・女・手・は〉

拝復　向寒のみぎりではございますが、左京様にはご健勝の由、お喜び申し上げます。

　さて、先日はごていねいに退職のごあいさつ状をお送りいただきまして、まことにありがとうございました。

　1ご入社以来、一貫して技術者として商品開発にあたられてきたと承っておりますが、その真摯な姿勢には、日ごろから頭が下がる思いでいっぱいでございました。在職中はいろいろ学ばせていただき、厚く御礼申し上げます。職場のムードメーカーであられた左京様がいなくなると、私どももたいそう寂しくなります。

　今後のますますのご健康と新たなご活躍を心よりお祈り申し上げます。

敬具

1在職中の功績をたたえ、退職を惜しむ言葉を。特にお世話になった相手には、心を込めていままでのお礼を。

3 婚約、結婚、出産の通知

◎婚約を恩師に伝え、結婚披露宴へ招く〈女・手〉

実りの秋たけなわでございますが、先生にはますますおすこやかにお過ごしのこととお喜び申し上げます。日ごろのご無沙汰お許しください。

さて、まことに突然ですが、このたび婚約がととのいまして、来年二月十四日のバレンタインデーに結婚の運びとなりました。相手は、同期入社の男性で、現在は大阪支店に勤務しております。いままでなにかにつけご心配いただきました先生に、まずはご報告と思い、お手紙をさしあげました。

後日あらためてご案内をさしあげますが、先生には披露宴にぜひご出席いただきたく存じますので、よろしくお願い申し上げます。

かしこ

◎新居のお知らせを兼ねた結婚通知〈夫婦連名・は（印刷）〉

紅葉の美しい季節となりましたが、皆様にはますますご健勝のことと存じます。

さて、私どもこのたび縁あって結婚いたしまして、左記住所で新生活をスタートさせました。なにぶんにも未熟な者同士ですが、二人力を合わせて明るい家庭を築いてゆきたいと思っています。どうか今後ともよろしくご指導のほどお願いいたします。

平成○年十月吉日

（新住所・電話番号）

長尾泰一　茜（旧姓　春野）

※結婚式の写真などは使わず通知を行う場合は、一定の丁重さを保って。写真入りの場合は「結婚しました」などの文字を大きく入れ、後半４行の文章だけを使ってカジュアルに。

◎「地味」婚を事後に知らせる〈男女連名・手・は（印刷）〉

涼しい風が心地よく感じられる昨今ですが、皆様にはお元気でお過ごしのことと存じます。

1 さて、このたび私ども九月一日付で入籍をいたし、結婚生活を始めました。特に挙式は行わず、親類の顔合わせだけで相すませましたため、皆様へご披露する場もございませんでしたこと、お許しください。

今後とも変わらぬお力添えをお願いし、簡単ながら結婚のご報告とさせていただきます。

（住所・電話番号）

松本　武彦（〇〇株式会社第一営業部勤務）

杉浦　由美（△△事務所勤務）

※杉浦は当面旧姓で勤務いたしますので、よろしくお願い申し上げます。

1 〈他の言い回し〉●海外で挙式を行いましたため、事後報告となってしまい…●結婚式は内輪の者だけでささやかに執り行いましたため、ご招待もいたしませんでしたご無礼、ひらにお許しください。

◎出産の知らせ――夫から仲人へ〈男・手・は〉

1 いろいろご心配いただいていた喜久子ですが、〇月〇日午後五時二十分、無事に女児を出産いたしました。三九〇〇グラムとりっぱすぎるような体重でしたが、思いのほか安産でした。母子ともに健康でございますので、ご安心ください。

昨日お電話をさしあげたのですが、あいにくお留守のようでしたので、急ぎしたためました。まずはご報告のみにて失礼します。

1 時間、性別、体重、母子の安否は必ず入れる。

◎出産の知らせ――本人から友人へ〈女・手・は・箋〉

産院のベッドから、暑中お見舞い申し上げます。そう、とうとう私もママになりました。3日前、〇日の午後10時、2800gの女の子です。やや小さめのおかげか、お産はとても楽でした。3時間に一度の授乳以外はヒマでヒマで、時間を持て余しているくらいです。

裕子さんには、これから先輩ママとして、いろいろアドバイスをお願いしますね。では、とりあえずお知らせまで。

4 開店、開業、閉店の通知

※開店のお祝い状については86ページ参照。

基本 独立開業のお知らせ〈男・女・手・は（印刷）〉

【事務所開設のご挨拶】

拝啓　陽春の候、ますますご隆昌のこととお喜び申し上げます。

さて、私こと、この四月一日より有限会社○○事務所を開設することになりました。[1]

△△事務所在職中は格別のご高配を賜り、厚く御礼申し上げます。[2]微力な身ではございますが、独立のうえは誠心誠意努力してまいる所存でございますので、なにとぞ倍旧のご教導とご支援を賜りますよう、衷心よりお願い申し上げます。

まずは書中をもちまして、開設のごあいさつとさせていただきます。

敬具

（新会社名・代表名と肩書・住所・電話番号・FAX・地図など）

1〈他の言い回し〉●○○会社のご支援を仰ぎ、設立いたしました。（前の会社と関連ある場合はその旨明記）●このたび同業の友人とともに事務所を構えることに…●友人と共同出資による○○製作所を設立…2新規事業の場合は、PRも入れるが、あまりはしゃぎすぎないほうが好印象。〈他の言い回し〉●独立に踏み出したからには一生懸命努力を…●時代の要請にこたえるべく設立いたし…●ささやかな事務所ではありますが…

◎ブティック新装開店のお知らせ〈男・女・手・は〉

春うららかな季節を迎えました。

皆様には日ごろより格別のお引き立てをいただき、ありがとうございます。

さて、店内改装期間中は皆様にご不便をおかけいたしましたが、このたび準備もととのいまして、来る五月一日よりリニューアルオープンの運びとなりました。

新ブランドとして、働く女性に好評の「○○」「△△」を扱い、より豊富な品ぞろえで、これからも皆様の上質のおしゃれのお手伝いをさせていただきます。

ご来店、心よりお待ち申し上げております。

（店名・名前・住所・電話番号・FAX）

◎開店、開業でお世話になった人へ〈男・女・手・箋〉

その節はたいへんお世話になり、ありがとうございました。

おかげさまで、○月より小料理屋「藤」を△△駅前で開店することになりました。ご相談に伺いましたおりには、ご親切にいろいろ教えていただき、心より感謝申し上げます。

これからは妻（夫）と二人、力を合わせて店をもり立てていきたいと考えております。

開店のご案内状を同封いたします。ぜひ近いうちに一度足をお運びくださいますよう、お願い申し上げます。

◎顧客へ閉店のあいさつ〈男・女・手・は〉

平素はひとかたならぬご愛顧を賜り、厚く御礼申し上げます。

さて、弊店は、諸般の事情によりまして[1]、○月○日をもって閉店させていただくことに相成りました。これまでのご厚情、心より感謝申し上げます。

本来ならば拝眉のうえごあいさつ申し上げるべきところ、略儀ながら書中をもってお知らせいたします。


1〈他の言い回し〉●店主の健康上の理由から…●閉店のやむなきに至りました。●これまでお引き立ていただきましたお客様に、深くおわび申し上げます。

5 入・退院の通知

◎友人に入院を知らせる〈男・女・手・は・箋〉

いきなり驚かせて申しわけないけれど、いま、病院のベッドです。先月末、スキーで骨折し、中央区の○○整形外科に入院しました。全治二カ月の重傷なんだけど、[1]こうして手紙を書いているほどだからいたって元気。ただ寝ているだけというのもつらいものです。

話し相手がいない私をふびんと思って、暇をみて一度遊びに来てくれませんか。ずうずうしいお願い、申しわけありません。

1 入院を知らされた側はびっくりし、心配するもの。わざわざ通知するのは親しい間柄に限られるが、その場合は病状や見舞いの要不要について、相手の身になって書くこと。

◎退院のあいさつ〈男・女・手・は・箋〉

父・昭二の入院中はごていねいなお見舞いをいただき、まことにありがとうございました。お心のこもったお言葉、父もあとから思い出し、何度も落涙しておりました。

幸いにしてその後快癒へ向かい、昨○日、無事退院いたしました。予想以上に早く床払いができましたのも、皆様のお励ましのおかげと、心より感謝申し上げます。

まずはとり急ぎ、退院のご報告まで。

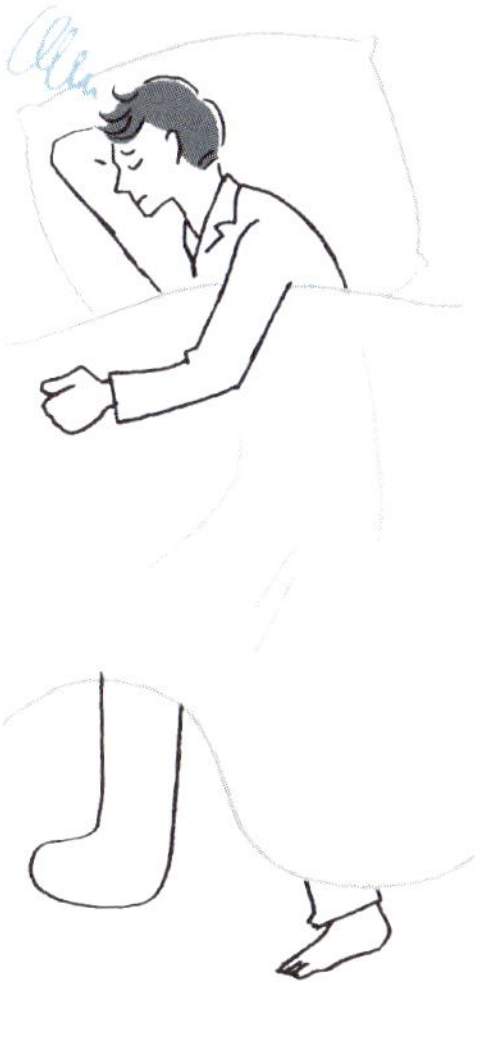

6 法要の通知

◎会場を借りて行う場合〈男・女・手・は〉

謹啓　春暖の候、皆様にはますますご清祥のことと存じます。

さて、来る四月三十日は、亡母○○○○○○（戒名）の三回忌にあたります。つきましては、左記のとおり心ばかりの法要を営み、[1]泉下の霊を慰めたく存じます。

皆様にはご多用中まことに恐縮でございますが、ご参列賜りますようお願い申し上げます。

謹言

記

日時　四月二十二日（日）午前十一時

場所　ロイヤルホテル　白樺の間

なお、法要のあと粗餐をさしあげたいと存じますので、ご出席の有無を同封のはがきで四月十日までにお知らせください。

1〈他の言い回し〉●生前親しくしていただいた皆様から、故人の思い出話などをお聞かせ願えればと…●追善の供養をいたしたいと存じます。●親しいかたにご参集いただき、心ばかりの法要を営みたいと存じます。

◎自宅で内輪の法要を行う場合〈女・手・往は〉

早いもので、夫・晋の七回忌が近づいてまいりました。これまで皆様にはおりにふれ、お励ましのお言葉をいただき、まことにありがとうございました。

回忌にあたり、○月○日（日）正午より、自宅でささやかな法要を執り行い、そのあと、昼食をとりながら故人をしのびたいと存じます。

皆様にはなにかとご多用の時期かと存じますが、ご来臨のほどお願い申し上げます。

なお、恐れ入りますが、○月○日までにご都合をご返信くださいますようお願いいたします。

7 変更の通知

◎店のFAX番号の変更を知らせる〈男・女・手・は（印刷）〉

FAX番号変更のお知らせ

初がつおの季節となりました。皆様にはいかがお過ごしでしょうか。平素は当店をご愛顧いただき、まことにありがとうございます。

さて、従来、電話と同じ番号で承っておりましたご注文などのFAXですが、このたび、専用の回線を設けましたのでご案内申し上げます。なお、今後は24時間FAXをお受けいたしますので、お客様のご都合のよろしい時間にご注文いただけます。これまでおかけしたご不便の数々、どうぞお許しください。

今後ともお引き立てのほど、よろしくお願い申し上げ、ご案内させていただきます。

○○市本町1―2―3
有限会社　魚活
電話987―××××（変更なし）
FAX987―××××（新設・24時間受信）

◎講演会の延期を知らせる〈男・女・は（印刷）〉

沢木　昇先生講演会　延期のお知らせ

先般お知らせしました○月○日の沢木先生の講演会ですが、[1]先生が骨折のため急遽ご入院と相成り、左記の日程に変更させていただきます。

ご療養を専一にと、あえて中止の申し出もいたしましたが、責任感の強い先生のご要望で新しい日程をご調整いただきましたこともあわせてご報告申し上げます。

急な予定の変更で皆様にはご迷惑をおかけいたしますが、事情ご賢察のうえ、新日程での多くのかたのご来臨をお願い申し上げます。

記

新日時　△月△日　午前十時
場　所　文化会館　二階小ホール（変更なし）

1 予定の変更は、その理由を必ず入れる。言いわけなどは省き、簡潔に。

8 依頼の手紙とはがき

1 紹介、あっせんの依頼

※断りの文例は131ページ、依頼後のお礼状は59ページ参照。

基本 義兄に娘の就職を依頼する〈男・女・手〉

拝啓　向暑のみぎり、ますますご健勝のこととお喜び申し上げます。

さて、本日はおりいってお願いがあり、お手紙をさしあげます。

実は、次女の智子が来春○○大学工学部の卒業を控え、[1]沢田様のおられるIT業界への就職を強く希望しております。しかしながら、女子大生への門戸は狭く、本人の力不足もありまして、現在かなり苦労しております。

そこで、[2]ご人脈の広い沢田様にぜひお力添えをいただきたく、謹んでお願い申し上げるしだいです。もちろん御社にご採用いただければ望外の喜びでございます。

まことにぶしつけではございますが、[3]智子の履歴書など必要書類一式を同封させていただきました。勝手なお願いでまことに恐縮でございますが、どうかご検討のほどよろしくお願い申し上げます。

追って、本人とともにごあいさつに伺いますが、まずはとり急ぎお願いのみにて失礼をいたします。

敬具

1 本人の希望職種ははっきりと伝える。とにかくどこでもいいからという頼み方は相手に対して失礼。

2 〈他の言い回し〉●お知り合いの会社でお心当たりがございましたらぜひご紹介いただきたく…●長く○○会社にお勤めでお顔の広い…●かなうことならば御社の採用わくで…

3 親戚など親しい相手なら、最初から履歴書同封のほうが話が早い。先方がどこかに紹介する場合も資料として必要。ただし、目上の知人などには、電話などで許しを得たうえで送るほうがよい。

◎本人から伯父へ就職を依頼する〈男・女・手〉

拝啓　紅葉の美しい季節となりましたが、皆様お変わりなくお過ごしのことと存じます。

　さて、私も来年は大学四年となり、就職のことを考える時期となりました。つきましては、ご交際の広い伯父様にぜひお力添えをお願いいたしたく、お手紙をさしあげるしだいです。と申しますのも、ご存じのように父の容体がすぐれないため、卒業後は徳島に帰るつもりでおります。こちらの大学では徳島の求人についての情報が少なく、困り果てている状態なのです。

　経済学部ですので、かなうことならば地元の金融機関などに就職したいとの希望がございます。ご多忙のなか、[1]めんどうなお願いをさしあげて恐縮ですが、どうぞよろしくお願い申し上げます。ご承知いただけましたら、さっそく必要書類を送付させていただきます。

　末筆ながら伯母様にどうぞよろしくお伝えください。

敬具

1〈他の言い回し〉●ごやっかいなお願いでまことに申しわけありませんが…●一方的なお願い、失礼とは存じますが…

◎知人に医師の紹介を依頼する〈女・手・は〉

拝啓　すっかり秋めいてまいりましたが、お変わりなくお過ごしのことと存じます。

　さて、きょうはぶしつけなお願いがあり、お便りしております。実は、ガン検診で初期の乳ガンが見つかり、当地の○○病院に行ったところ、切除手術の必要があるとの診断でございました。まことに失礼ながら浅井様も数年前同じ病を得て、御地の病院で切除せずにご回復なさったと聞き及んでおります。お許しいただければ、その経過をくわしく教えていただき、浅井様の主治医の先生をご紹介願えませんでしょうか。

　突然のお願いでまことに心苦しいのですが、どうかお力添えいただきますよう、お願い申し上げます。

かしこ

◎就職あっせん依頼への返事〈男・女・手・は〉

拝復　お手紙拝見しました。いろいろたいへんなようですね。お気持ちはお察しします。

　さて、弊社では来春の採用を見合わせることが確定しており、残念ながら御意に添うことはできません。しかしながら、関連会社には、もしかするとまだ採用わくが残っているかもしれず、現在、調べさせております。

　落ち着かないでしょうが、いましばらくお待ちください。とり急ぎお返事まで。

敬具

2 借金、借用の依頼

基本 借金を申し込む〈女・手〉

[1]叔父様に、おりいってご用立てのお願いがございましてお便りさしあげます。
[2]実は、先月来の夫の入院で出費がかさみ、私も看護のためパートを休んでいることから、生活費がかなり厳しい状態で、蓄えも底を突いてしまいました。
心苦しいのですが、三十万円ほどお貸し願えませんでしょうか。今月末には夫も退院できそうですので、[3]毎月三万円ずつ十回に分けて返済していきたいと存じます。必ずお返しすることをお約束いたしますので、どうかよろしくご検討くださいませ。追ってこちらからお電話をさしあげます。

かしこ

1 時候のあいさつなどは抜きに、本件にすぐ入る。**2** 借金の依頼はデリケートなものだが、回りくどい表現は使わず、理由をはっきり書く。**3** 返済時期、方法は明確に。「夏のボーナスで」「来月満期の定期で」など、相手に納得してもらえるように。

◎夫の両親に借金を申し込む〈女・手〉

ご無沙汰お許しください。実は、きょうは申し上げにくいお願いがあり、筆をとりました。かねて私ども、マンションをいろいろさがしておりましたが、このたび、希望どおりの物件が見つかり、購入したいと考えております。ただ、購入予定はもう少し先と考えておりましたため、頭金の準備がととのっておりません。そこで、まことに勝手なお願いで恐縮なのですが、三百万円ほどご用立ていただけないでしょうか。来年夏に満期を迎える保険がありますので、それで返済させていただくつもりです。
ほかに頼める人もなく、思い切ってお願い申し上げます。どうかよろしくご検討ください。あらためてこちらからご連絡いたします。

かしこ

◎借金の返済期限延長のお願い〈男・女・手・は〉

その節は、勝手なお願いをお聞き届けくださり、まことにありがとうございました。

きょうは重ねてお願いがあり、お便りいたします。実はおりからの不況で、暮れのボーナスが遅配となり、お約束の日には返済できなくなりました。予定では、一月中には出ることになっておりますので、それまで恐れ入りますがお待ちくださいますよう、伏してお願い申し上げます。

1 最初に借金を依頼したときより、理由の明確さが求められる。おわび、お願いの気持ちとともに、返済のめどをはっきりと。

◎卒論資料の本の借用依頼〈女・手・は〉

お元気でお過ごしのことと存じます。さて、きょうは蔵書家の瀬戸様におりいってお願いがあります。実は、私「『源氏物語』に見る服装の色合わせ」というテーマで卒論の研究中なのですが、図書館などの資料は限られており、行き詰まっております。

いつぞや、瀬戸様の書庫を拝見したおり、源氏についての膨大な資料をお持ちと記憶しており、もし、左記の本がお手元におありでしたら今年いっぱいお貸し願えないかと存じます。ご連絡いただければとりに伺いますので、どうぞよろしくお願いいたします。

- 『(書名)』
- 『(書名)』
- 『(書名)』

◎書籍借用の依頼への返事〈女・手・は・箋〉

ごていねいなお手紙、拝読いたしました。

さっそく本棚を調べましたところ、いくつか参考になりそうな本がありました。お急ぎでしょうから、本日宅配便でお宅へお送りしました。私のほうは当分使いませんので、論文がおすみになるまでお手元でお使いください。ただし絶版になっているものがほとんどなので、お取り扱いにはご配慮くださいね。

では、卒論のご成功を祈っております。

1 注意事項があればきちんと書いておく。やわらかい表現を使えば失礼にならない。

3 保証人の依頼

※保証人の依頼を断る返事は136ページ参照。

1 ローンや銀行融資の保証人は、債務保証の責任があるため、引き受けるにあたっては及び腰になる人も多い。返済計画などにもふれ、迷惑をかけないことを強調する。

◎伯父に住宅ローンの保証人を頼む〈男・女・手〉

拝啓　初秋の候となりましたが、ますますご清栄のこととお喜び申し上げます。

　さて、本日は突然で恐縮ですが、おりいってのお願いがございます。

　実はこのたび住宅を購入することになり、○○銀行から二千六百万円の融資を受けることになりました。ついては、融資の保証人が必要とのことで、ほかに頼めるかたもなく伯父様にお願いするしだいです。月々無理のない返済計画を立てており、ご迷惑をおかけすることはございません。どうかお聞き届けくださいますよう、お願い申し上げます。ご承諾いただければ、必要書類を持参いたします。

　よいご返事をお待ちしております。

　敬具

◎恩師に就職の身元保証人を依頼する〈男・女・手〉

拝啓　先生にはおかれましてはますますご壮健のこととお喜び申し上げます。

　先生のご紹介を受け、私もおかげさまでこの四月から○○事務所で社会人の第一歩を踏み出すことになりました。

　実は先日知ったばかりなのですが、事務所の規定で都内在住の身元保証人が必要とのこと。親類もおらず、まことに恐縮ですが、先生にお引き受け願えませんでしょうか。けっして先生のご迷惑になることはいたしません。

　追ってお電話をさしあげますので、どうかよろしくお願いいたします。

　敬具

◎就職の身元保証人の依頼を承諾する〈男・女・手・は〉

お手紙拝見いたしました。

　このたびは、ご子息が○○株式会社にめでたく採用がお決まりになったとのこと、心からお祝い申し上げます。

　身元保証人をとのお申し出、光栄に存じます。学生時代からご子息のまじめな生活ぶりは存じておりました。ほかに適任のかたもいらっしゃるかとは存じますが、私でよろしければ、喜んでお引き受けいたします。

　わざわざご足労いただかなくとも、必要書類をお送りいただければ、記入捺印のうえ、ご返送いたします。

　まずはご返事まで。

1 受けると決めたら、快諾するという姿勢で。

※宿泊の依頼を断る返事は132ページ参照。

◎親戚に子どもの受験時の宿泊を依頼〈男・女・手・は・箋〉

師走に入り、お忙しい毎日をお過ごしのことと存じます。

さてこのたびは厚かましいお願いがあり、お手紙をさしあげました。

実は娘の恭子が、東京の大学をいくつか受験することになりました。センター試験とやらで当地で受けられるところもあるのですが、どうしても二月十日から四日間ほど上京しなくてはならないようです。[1]高齢の母を残して親が同行するわけにもいかず、さりとてひとりでホテルに泊めるのも心配なので、できれば、○○様宅にお泊めいただけないかと、身勝手なお願いを申し上げるしだいです。

この手紙が着くころにお電話をさしあげますので、どうかよろしくお願いいたします。

1 相手が納得できるような理由を添える。「受験シーズンのためか、近くのホテルはどこもいっぱいで」「なにせ、ひとりで飛行機に乗るのも初めてのため」など。

◎親戚に旅行中の子どもの世話を依頼〈男・女・手・は〉

お元気でお過ごしのことと存じます。

さて、きょうはちょっとお願いがあってお手紙をさしあげました。

実は、息子の浩が夏休みを利用して友人2人と北海道一周の旅行を計画しています。8月2日ごろ釧路に行く予定らしいのですが、そちらの正彦くんに、釧路の街を案内してもらえないでしょうか。

親ばかのようですが、無鉄砲な旅をするのではないかという心配もあり、途中の様子を知らせてほしいという気持ちもあります。なお、宿はユースホステルを予約するようです。身勝手なお願い、まことに恐縮ですが、どうかよろしくお願いいたします。

ご承知いただけましたら、日程をはっきりさせます。どうかよろしくおとり計らいください。

◎訪問を受諾する返事〈男・女・手・は〉

お便り拝見しました。浩くんもそんな旅をする年齢になったのですね。ご来訪、心から歓迎します。[1]8月4日から正彦は野球部の合宿がありますが、1～3日であればだいじょうぶとのことです。私どもも予定は入っていません。正彦も、久々に浩くんに会えるのを楽しみにしているようです。

釧路には野趣あふれる炉端焼きの店がいくつかあります。街をご案内したあと、お友だちもいっしょに食事にお連れしたいと思いますので、その旨浩くんにお伝えください。

では、お会いできるのを楽しみに。

1 都合のよい日、悪い日ははっきりさせておかないと、あとで思わぬトラブルの原因にも。

5 その他の依頼

※同期会の幹事の依頼を断る返事は132ページ参照。

◎PTA主催の講演を依頼する〈女・手〉

拝啓　突然お便りをさしあげる失礼をお許しください。私は○○市立第一小学校のPTAで文化講演会を担当している佐伯と申します。

[1]実は昨年、市主催の講演会で児童福祉をテーマにした先生のお話を拝聴し、非常に感銘を受けました。そのなかで少しふれられていた現代の子どもたちがかかえるストレスについて、PTAでくわしくお話を伺えたらと、お願い申し上げるしだいです。

[2]講演会は学校で行い、九～十一月の平日午前中の二時間程度を予定しております。ご承諾いただければ、先生のご都合に合わせて日程を調整させていただきます。なお、謝礼は些少ながら五万円の予算で考えております。

唐突に一方的なお願いをさしあげ、失礼の段お許しください。日を改めまして、ご返事を伺うためお電話をさしあげますので、どうかよろしくお願い申し上げます。

敬具

1 なぜ依頼しようと思ったのか、相手への敬意を込めて簡単に書く。「先生のご著書を拝読させていただき」「子どもの立場に立ったご発言に、平素より感銘を受け」「○○先生からのご紹介を受け」など。**2** 講演の依頼に不可欠なのは、テーマ、日時、講演時間、場所、謝礼など。

◎同窓会の幹事を依頼する〈男・女・手〉

前略　突然のお手紙お許しください。私は、第一高校第23期卒業で、このたびの同窓会総会の実行委員長を務めた品田と申します。

ご存じのように総会の幹事は当番制になっており、来年は貴殿の第24期が当番期です。今年の総会で、貴殿を実行委員長に推薦する声が高く、こうしてぶしつけながらお便りで突然のお願いをさしあげるしだいです。

私自身、当初は及び腰でありましたが、こうして総会を終えてみると、人脈も広がり、仕事とはまた違った達成感が味わえることがわかりました。

急なご返答はむずかしいかと存じますが、どうかお引き受けくださいますよう、お願い申し上げます。いずれあらためてご連絡いたします。

草々

◎同期生にカンパの依頼〈男・女・手・は〉

○○沖地震で大被害を受けた藤田君へ送るお見舞い金を集めます

先日の○○沖地震は犠牲者も出る惨事となりましたが、同期の藤田君が今年初めから被害地に赴任しており、今回、自宅崩壊に見舞われ、ご自身も骨折の被害を受けていることがわかりました。友人として何かお手伝いをと思いますが、遠方ゆえそれもかなわず、お見舞い金を送って何かのお役に立てていただこうということになりました。

一口一〇〇〇円で何口でもけっこうです。ご賛同いただけるかたは、今月末日までに左記の口座へお振り込みくださるよう、お願いいたします。全員の名前を添え、責任を持って藤田君あてお届けします。〈世話人／高橋、津村〉

記

郵便振替口座番号：0270―6―×××
加入者名：第一高校第20期　代表　高橋信孝

※寄付、カンパの依頼は、目的、金額のほか、とりまとめの責任者も明確に。

◎知人に求人紹介を依頼する〈男・女・手〉

ご無沙汰しておりますが、皆様お元気でお過ごしのことと存じます。きょうは、相談事があってお手紙をさしあげました。

実は、店で商品管理のパソコン業務を行っていたパートの女性が家庭の事情で来月いっぱいで退職することになり、後任をさがしております。コンピューターに明るい○○様なら、お心当たりがあるのではないかと、厚かましいお願いをさしあげるしだいです。

[1] 業務内容は、パソコンの基本操作ができれば、すぐに覚えられます。月～土の9時～15時の勤務で、時給800円、35歳ぐらいまでの女性を希望しております。

お忙しいなか、ごめんどうなお願いを申し上げまことに恐縮ですが、どうかよろしくおとり計らいくださいませ。

1 採用条件を記した手紙で依頼すれば、相手も動きがとりやすい。

9 断りの手紙とはがき

1 招待や案内、誘いを断る

基本 往復はがき——返信の場合〈男・女〉

○月○日の中央中学クラス会に
~~出席~~
1残念ながら 欠席 します

2今年は帰省の予定がありません。
次回はぜひ出席したいと思いますが。
皆様によろしくお伝えください。

3~~ご~~住所 〒101-8911
東京都千代田区神田駿河台
1-2-3

3~~ご~~芳名 鈴木 信子

1欠席の場合は、「出席」の文字を2本線で消し、「欠席」を○で囲む。それだけではそっけないので、「残念ながら」「やむをえず」などと書き加える。2欠席の理由を簡単に記し、今後につながる言葉を添える。〈他の言い回し〉●あいにく先約が入っておりまして…●妊娠中のため、今回は見合わせます。●先生や皆さんにお会いできず残念！●幹事の皆さん、ご苦労さまです。3「ご住所」「ご芳名」などの敬称は消す。

◎賀寿の祝いへの招待を断る ——旅行の予定がある場合〈男・女・手・は〉

1旅行やゴルフなど、先方に言いにくい理由を優先させて欠席する場合は、心からわびながらも率直に理由を述べるほうがよい。変にごまかそうとすると、あとでしこりが残ることも。

このたびは、伯父様には喜寿の賀をお迎えになられる由、まことにおめでとうございます。また、お祝いの席にお招きいただき、ありがとうございます。

何をおいてもお祝いに参上すべきところですが、1あいにく当日は友人夫妻とともに旅行することになっております。本来ならばキャンセルすべきところですが、同行者もおりますため、申しわけございませんが、今回は欠席ということでご了解ください。いずれ日を改めまして、ごあいさつに伺います。

まずはおわびまで。

◎新築祝いへの招待を断る——気が進まない場合〈男・女・手・は〉

ご新築おめでとうございます。また、私まで新築祝いにご招待いただき恐縮しております。[1]すばらしいご新居を拝見したい気持ちはやまやまなのですが、実は当日どうしてもはずせない用事があり、伺うことができません。どうかお許しください。

とりあえず心ばかりのお祝いの品を別便にてお送りしましたのでご笑納ください。木の香り新しいお住まいのもと、ご家族の皆様のますますのご健勝を心よりお祈り申し上げます。

1 どんな事情にせよ、新築への祝いの気持ち、招待を受けたお礼、伺えず残念という言葉は不可欠。当面お祝いに伺うつもりがないときは、「近日中に一度お祝いに」などとは書かず、お祝いを送っていったん区切りをつけるほうがよい場合も。

◎趣味の会への誘いをやんわりと断る〈男・女・手・は・箋〉

このたびは吟行の会へのお誘い、ありがとうございました。すてきな会のようですね。

ただ、当方、[1]現在は老齢の父母をかかえ、なかなか思うように外出ができない毎日を送っております。せっかくのご案内ですが、当分参加は無理と存じますので、あしからずご了承ください。

[2]句作はこれからもつづけてまいりますので、どうか今後ともよろしくご教導ください。

本日は心ならずもお断りまで。

1 家を留守にできない、体調がかんばしくないなど、相手が「それならばしかたがない」と納得できる理由を。**2**〈他の言い回し〉●当日のご盛会をお祈り申し上げます。●どうぞ皆様によろしくお伝えください。●いずれ機会があればぜひ参加したいと…

◎宗教の勧誘を断固として断る
〈男・女・手・は〉

お手紙と冊子、拝見しました。
本田さんが○○の会に入会してから、お気持ちの平安をとり戻した由、なによりのことでございます。ただ、私自身無宗教を通しており、母の急逝や娘の流産に関しても、因縁めいたことはいっさい考えておりません。今回のお誘いは本田さんのご好意にもとづくものと存じますが、[1]応ずる気持ちはございませんのでご了解ください。とり急ぎご返事まで。

1 含みを持たせずはっきりと断るが、相手はよかれと思っての誘いなので、相手や特定の宗教を批判するような表現は避けたほうが賢明。

◎一度承諾した料理実演パーティーへの参加を断る
〈女・手・は・箋〉

先日、お電話をいただいたおり、○日のパーティーに参加する旨お返事しましたが、[1]やはりお断り申し上げたく、お便りしました。
[2]実はその後夫に話したところ、関連会社で同様の鍋を扱っていることを知らされ、購入するのであればそちらで、と強く言い渡されました。いまになって失礼とは存じますが、どうか事情をおくみとりのうえ、ご容赦ください。まずはおわびまで。

1 気の弱い人は、電話では説得されてしまうので、手紙やはがきで断るのがベスト。2 知人からの訪問販売、パーティー販売を断るには、「姑が同様の仕事を始めたことがわかり」など家族を登場させると角が立ちにくい。

基本 就職のあっせんを断る〈男・女・手・は〉

拝復　お嬢様が就職活動にご奔走中とのこと、[1]親御様のご心配のほどお察し申し上げます。

できることならお力になってさしあげたいのですが、[2]当社では新卒の採用者はすでに決定しております。取引先でも同様、もしくは採用者なしの裁定がすでに下っており、私の力ではどうにもならないのが現状です。[3]せっかくご相談いただきましたのに、お役に立てず申しわけございません。

[4]お嬢様がよいお仕事にめぐりあえることをお祈りして、とり急ぎご返事まで。

敬具

1 依頼にこたえたい気持ちはあったのだが、という姿勢をまず示す。2 持って回った言い方はせず、事情は率直に書いたほうがよい。「縁故入社はいっさい受け付けておらず」「知人の推薦はかたく禁じられており」など。3 相手を傷つけないよう、謙虚な気持ちで。4「頑張ってください」「陰ながら応援しています」など、励ましの言葉で終わると印象がよい。

◎虫のいい就職あっせんの依頼を断る――本人へ〈男・女・手・は〉

お手紙拝見しました。マスコミ関係ならどこでもとのお話でしたが、一口にマスコミといっても、媒体や職種によって仕事の質も形態もさまざまなものです。[1]茫漠としたご希望ではご紹介のしようもなく、今回のご依頼には添えませんので、あしからずご了承ください。マスコミの場合は不定期に募集をかける会社も多いので、本気で仕事がしたいのなら、求人をご自分でさがすほうが早道だと思います。頑張ってね。

1 年若い相手からの世間知らずな依頼には、ある程度クギを刺すことも必要。今後どうすればよいかの親身な助言で結べば、印象がやわらかくなる。

◎宿泊の依頼を断る
〈男・女・手・は・箋〉


とり急ぎご連絡申し上げます。先日ご依頼のあったわが家への宿泊の件ですが、[1]あいにくここ数日、家人が体調をくずし、伏せっております。お泊めしましても、かえってご迷惑やお気づかいをかけてしまいますので、今回はご容赦いただきたくお願い申し上げます。

まずはおわびかたがたご返事まで。

1 理由としてはほかに「前々からの予定で旅行に出かける」「多忙で家族全員帰りがおそい」など。手伝いや来訪を断る場合も同様に。

◎金融機関の融資担当者紹介の依頼を断る 〈男・女・手・は〉

お手紙、読ませていただきました。ご苦労のほどお察しいたします。

さて、日本信用金庫融資担当者ご紹介の件ですが、弊店は先方にとって優良な取引先でないうえ、私自身、[1]担当の小出部長とは面識を得てまだ日も浅く、仲介は無理と思われますので、あしからずご了解ください。

佐藤様にはこれまでいろいろお世話になり、この機会にご恩返ししたい気持ちはやまやまですが、私の実力不足でご期待に添えず、申しわけありません。右、とり急ぎご返事まで。

1 人物紹介を断るときは「相手とさほど親しくない」「自分は紹介できる立場にはない」ことを説明し、理解を得るのがよい。

◎同期会の幹事役を断る
〈女・手・は〉

前略　私に次回の同期会幹事をとのご依頼でしたが、[1]実は先月妊娠が判明し、○月に出産の予定です。現在体調もすぐれず、さまざまな準備にあたるのは無理かと存じますので、今回はどうか勘弁してくださいませ。
いずれ子どもの手が離れたらお手伝いさせていただきます。せっかくお話をいただいたのに、ごめんなさい。とり急ぎおわびまで。

1 何かの「役」につくのを断るには「体調」「仕事」「家庭の事情」が一般的。同窓会、町内会、PTAなど、今後もおつきあいがつづくものは、事情が許せば引き受けるのだがという含みを持たせた断り方のほうが好感が持てる。

3 借金、寄付などを断る

基本 借金を断る〈男・女・手〉

1 お手紙拝見いたしました。2 いろいろなご事情が重なり、さぞお困りのことと存じます。

ほかならぬ上野様のお頼みですから、なんとかお役に立てないかと家人とも3 相談いたしましたが、わが家でも毎月ローンを返済中で、4 とてもご用立てする余裕がございません。まことに情けない限りではございますが、どうか事情をご賢察のうえ、5 ご容赦ください。

まことに不本意ながら、とり急ぎご返事とおわびまで。

1 借金を申し込む相手は切迫しているので、返事は迅速に。受諾は電話でもよいが、断りは冷静に理由を述べるため、またプライバシーの面から親書で。2 まずは相手の身になって。「ご同情申し上げます」は言いすぎ。3 断る前に、方策はねったという弁明を。4 相手に特別の非がある場合を除いては、こちらにも金銭的余裕がないという理由で断るのが原則。〈他の言い回し〉●とても私どもに工面のつく金額ではなく…●当方もこのところ思わぬ出費が重なり…●大学生と高校生をかかえ、教育費で精いっぱい…●この不況で当方の仕事も思わしくなく…●家計のため妻もパートに出ている状態で…5〈他の言い回し〉●貴意に添うことができず、申しわけございません。●お役に立てず、残念です。●ふがいない叔父ですみません。●何かよい方策が見つかりますよう、陰ながらお祈りいたします。●事態の好転を心からお祈りします。

◎姪に、クレジット返済のための借金依頼を断る〈男・女・手・は〉

たいへんなことになりましたね。堅実に暮らしているとばかり思っていましたが、兄さんたちもさぞお嘆きでしょう。

さて、結論から言うと、今回のゆかりちゃんのお申し出、お受けするわけにはいきません。分不相応にぜいたくな買い物をした結果だし、これから節制してまじめに働けば返せない額ではありませんからね。今回のことをよい教訓にして、身の丈に合った暮らしをしてください。

冷たいようですが、1 いまご用立てするのは、ゆかりちゃんのためにならないと思い、心を鬼にしてお断りします。どうかあしからず。

1 お金がないわけではないが、ギャンブルや買い物で困窮しての借金の申し込みに応ずるつもりはないという場合は、「あなたのためにならない」という言い方で。

◎親しくない人からの借金依頼を断る〈男・女・手・は〉

お手紙いただきました。私のような者にご相談なさるほどですから、さぞお困りなのだと存じます。実は当方、[1]お金の貸し借りはいっさい行わない主義でございまして、親兄弟に対してもこの姿勢を貫いております。偏屈者とお思いでしょうが、御意には添えませんので、あしからずご了承ください。

事業のご好転近からんことをお祈りします。

1 ふだん深いつきあいもないのに借金を申し込んできたというような場合に限り、とりつく島もない断り方も許される。

◎借金返済の延期を断る〈男・女・手・は〉

拝復　先日ご用立てしたお金は、申し上げましたとおり、[1]息子の大学に振り込む予定のあるものです。こちらも誠意を持って、返済は振り込み期日直前でよいと申し上げました。この予定には一点の偽りもございませんで、返済が延びると、当方も困り果ててしまいます。

どうか期日までには必ずお返しくださるよう、お願い申し上げます。

敬具

1 余裕のあるお金でないことを強調し、協力を求めるしかない。

4 借用を断る

1 相手の気持ちを傷つけずに断りたいときは、「できれば貸してあげたいのだが、今回はたまたまできない」という理由が必要。〈他の言い回し〉●子どもが下宿先へ持っていってしまい…●すでに処分してしまいました。●ただいま故障中で修理に出しております。2 ほんとうにタイミングが悪くて貸せない場合のフォローの言葉。

基本 物品の貸し出しを断る
〈男・女・手・は・箋〉

お手紙拝見しました。お申し入れの◯◯の件、とり急ぎご返事申し上げます。1できることならご要望におこたえしたいのですが、あいにくその時期に私のほうでも使う予定があります。まことに不本意ですが、今回はあしからずご容赦ください。2お貸し出しすることは一向にかまいませんので、またご利用の機会があればおっしゃってください。
まずはおわびとご返事まで。

◎大事なドレスの貸し出しを断る
〈女・手・は・箋〉

真由美お姉様へ
あのドレスを気に入ってくださって、とてもうれしいです。実は、昨年のクリスマスに彼からプレゼントされたものなんです♡ あれを買うために、彼はバイトしたり食費を節約したりでたいへんでした。そんな思い出がたくさん詰まった私の宝物なので、お姉様には申しわけないけれど、勘弁してくださいませ。
どうかオトメ心をわかってください。ゴメンナサイ。
春恵

1 依頼者には責任のないこと、あくまで自分の主義であることを誠意を持って書く。2 譲歩できる点があれば代案として書き添えておく。

◎貸し出しはしない主義と断る
〈男・女・手・は〉

ごていねいなお手紙、恐れ入ります。
実は以前に、絶版の全集を貸し出したところ、紛失された苦い経験があります。以来、1蔵書の散逸を防ぐため、どなたにもお貸ししないことにしております。日ごろお世話になっております佐藤様のお申し出を無にするようで、まことに心苦しいのですが、事情ご賢察のうえ、あしからずご了承ください。
2資料として必要ならば拙宅でお調べいただければ幸甚です。まことに失礼な物言い、ひらにご容赦ください。まずはご返事まで。

基本 借金、融資の保証人を断る
〈男・女・手・は〉

お手紙拝見しました。[1]いよいよ独立開業の由、心からお祝い申し上げます。

[2]さて、ご依頼の保証人の件については、まことに申し上げにくいのですが、お引き受けしかねます。

と申しますのも、[3]私どもの亡父が以前トラブルに巻き込まれ、いかに信用がおける相手でも保証人になってはいけないという遺言を残しているからでございます。

そんなわけで、どうかあしからずご了承ください。新しい事務所のご発展をお祈りしつつ、とりあえずおわびとご返事まで。

1 新居購入、開店開業など相手にとってめでたい案件なら、まず祝意を。2 引き受けられないということを冒頭にはっきり記す。3 引き受けない主義であることと、だれに対しても断るので依頼者に他意はないことを強調する。「まだ若輩」「分不相応」などの理由は、依頼者に「望みあり」の印象を与えてしまう。〈他の言い回し〉●すべてご辞退するのが家訓となっており…●どなた様に対してもお断りすることに…●わが家の経済状況も厳しく、万が一のことがあった場合、とうていお力になれないので…

◎就職の身元保証人を断る
〈男・女・手・は・箋〉

ご子息様の就職がお決まりになったそうで、まことにおめでとうございます。それに伴いましての、私への身元保証人のご依頼、まことに光栄に存じます。

しかしながら、当方、[1]会社の業績が思わしくなく、実は現在希望退職を迫られている身でございます。このような不安定な状態では、とうてい保証人の資格はなく、また、精神的にもお引き受けする余裕がございません。お役に立ちたい気持ちはやまやまですが、かえってご迷惑をおかけすることになってもと、今回はご辞退させていただきます。

まことに失礼ですが、どうか事情をお察しください。まずはとり急ぎおわびまで。

1 身元保証人を断るには「主義」では通用しない。「定年をすでに迎え」「まだ地位も信用もない身で」など、保証人にはそぐわないので辞退する、という姿勢で。

10 おわびの手紙とはがき

1「遅れた」おわび

基本 返却が遅れたおわび
〈男・女・手・は・箋〉

1 先日は大事な資料をお貸しいただきまして、まことにありがとうございました。
2 ご返却が遅れてしまい、申しわけございません。3 レポートを仕上げるのに予想以上に時間がかかり、まだ使用させていただいております。恐れ入りますが、いましばらくのご猶予をお願いいたします。4 来週末には、必ずご返却いたします。
とり急ぎおわびまで。

1 借りたことに対するお礼から入る。時候のあいさつは省いてもよい。**2**〈他の言い回し〉●期日までにお返しできず、まことに申しわけございません。●お約束をたがえ、弁解の余地もありません。●早々にお返しすべきところ、こんなにおそくなってしまい、心よりおわび申し上げます。●再度のお願いでまことに恐縮ですが、ご猶予をいただきたく存じます。**3** 遅れた理由をきちんと述べる。**4** いつなら返せるのか明記する。言いわけがましくならないよう注意。

◎借金返済の遅延をわびる
〈男・女・手〉

1 お金の返済が遅れるときは、必ず期日前に連絡を。返済日を過ぎ、催促を受けてからのおわびでは、非常に印象が悪い。

拝啓　このたびはたいへんご迷惑をおかけいたしました。おかげさまで、先月の支払いは無事にすませることができました。ほんとうにありがとうございました。

さて、まことに申し上げにくいのですが、諸事情のため1返済を一カ月延ばしていただきたく、あらためてお願い申し上げます。来月末には確実な入金がございますので、必ずのご返済を誓わせていただきます。

重ね重ねの身勝手なお願いで、まことに申しわけなく、深くおわびいたします。なにとぞお聞き入れくださいますよう、伏してお願い申し上げます。

敬具

◎借金返済の催促に対するおわび
〈男・女・手・は〉

お手紙をいただき、まことに恐縮しております。連絡もせずにお約束を破ってしまったのですから、お腹立ちもごもっともで、弁解のしようもございません。

1実は、返済にあてる予定だった入金が一カ月後になってしまい、なんとおわびしようかと思い悩み、ご連絡しそびれてしまったのです。本日確認しましたところ、今月二十八日には手当てがつきそうですので、月末までには必ずご返済いたします。どうかお許しください。

しばらくのご猶予のお願いとともに、心よりおわび申し上げます。

1 事情の説明は必要だが、ほかからの入金が遅れたというのは責任転嫁に思われがちなので、あくまで悪いのは自分だという表現で。

◎学校への提出物がおそくなったことへのおわび〈女・手・箋〉

いつも智博がお世話になり、ありがとうございます。

さて、○日提出となっておりました健康調査票の件ですが、私の不手ぎわで調査票をしまい込んでしまい、提出がおそくなりました。ご迷惑をおかけいたしまして、まことに申しわけございません。1今後はこのようなことのないよう、十分注意いたしますので、どうかお許しくださいませ。とり急ぎおわびまで。

1「これから気をつけます」の一文を入れて、誠意を伝える。

◎遅れた返事のおわび
〈男・女・手・は・箋〉

八月中に当地ご来訪とのお便り、うれしく拝見しました。こちらの都合をお知らせするはずでしたが、ご返事がおそくなってすみません。久々の再会、私も休みをとるつもりですが、ちょうど夏休み時期でなかなか調整がつかず、今日に至ってしまいました。

一〜四日、七〜八日、および二十二日以降でしたら、私も休めますので、できればこの日程でそちらもご調整いただけますでしょうか。

勝手を言って申しわけありません。とり急ぎご返事とおわびまで。

2「紛失した」「壊した」「きずつけた」おわび

◎借りた傘を紛失したおわび〈男・女・手・は〉

先日は長時間おじゃましたうえ、帰りぎわご親切に傘までお貸しいただいて、まことにありがとうございました。

実は、あのあと、電車に傘をおき忘れてしまい、本日はそのおわびのためにお便りをさしあげました。問い合わせてみたものの見つからず、[1]不注意が悔やまれてなりません。

[2]もちろん弁償させていただきますが、ご愛用の品だったのではと気がかりです。近日中にかわりの品をお届けにあがりますが、とりあえず心よりおわび申し上げます。

1〈他の言い回し〉●とり返しのつかないことをしてしまい、まことに申しわけなく存じます。●申しわけなさに身の縮む思いをしております。●なにとぞご寛恕いただきますよう…（寛恕＝とがめずに許すこと）●おわびの言葉もございません。●このたびの不始末、まことに申しわけなく…**2**弁償すればすむというわけではないので、心からおわびしたうえで「せめてかわりの品」とつなぐ。

◎借りた留めそでを汚してしまったおわび〈女・手・は〉

このたびは大事な留めそでを快くお貸しいただきまして、まことにありがとうございました。おかげさまで初めての仲人役もつつがなく終えることができました。

きょうは、そのお礼とともに、申し上げにくいことをお伝えしなければなりません。[1]実は、私の不注意で留めそでにキャンドルサービスの蠟を少々つけてしまったのです。クリーニング店で相談したところ、特殊な処理をすれば元どおりになるものの、そのためには京都まで送らねばならず、一カ月ほどかかるとのことでした。私の判断でその処理を頼みましたので、ご返却にはご猶予をくださいますよう、お願い申し上げます。

本日はとり急ぎおわびのみにて。

かしこ

1事情はありのまま簡潔に説明する。処理の仕方も同様に。

◎借りたデジタルカメラを壊したおわび〈男・女・手・は〉

とり急ぎおわびしたく筆をとりました。

先日お借りしたデジタルカメラ、あやまってコンクリートの壁に打ちつけ、角のところを破損してしまったのです。[1]さっそく修理に出そうとしましたが、近々お買いかえの予定と伺っていたことを思い出し、ご連絡をさしあげたしだいです。ご意向によっては、新規購入の際に弁償させていただくようにいたします。

追ってこちらからご連絡さしあげますので、ご検討のうえご指示ください。

このたびの不始末、あらためておわびします。

1 借り物を破損してしまった場合は、勝手に修理の手配をせず、おわびとともに手当ての方法を相談したほうがよい。

◎訪問時、ペットが家具をきずつけたおわび〈女・手・は〉

先日はほんとうにごめんなさい。気が動転していて、おわびもきちんとできないままでたいへん失礼をいたしました。

気にしないでと言ってくださったあなたのおやさしさ、とてもありがたいとは思いますが、不用意に猫をつれておじゃましたことが悔やまれるばかりです。

恐れ入りますが、そちらでソファの脚部分の修理をご手配いただいて、費用を負担させていただけますでしょうか。このままでは、とうてい私の気がすみません。どうかよろしくおとり計らいくださいませ。

とり急ぎおわびとお願いまで。

◎子どもが学校の窓ガラスを割ったおわび〈女・手・箋〉

いつも佳代がお世話になり、ありがとうございます。

さっそくですが、昨日は佳代がランドセルをぶつけて学校玄関のガラスを割ってしまったとのこと、まことに申しわけございません。

実は、夜になってから話を聞いたものですから、先生にはおわびのお電話もさしあげず、重ねての失礼お許しくださいませ。

このような場合、[1]ご弁償などはどうすればよいのか苦慮しております。金銭ですむことではございませんが、代金などはお支払いいたしますので、ご指示をお願いいたします。

近日中にごあいさつに参上いたしますが、とりあえず書中にておわび申し上げます。

1 学校の備品などの公共物、金銭にかえられない思い出の品などを破損した場合は、償いの方法に苦慮していることを率直に述べる。

3「不手ぎわ」のおわび

◎訪問時の不在をわびる〈女・手・は・箋〉

先日はわざわざご連絡のうえご来訪いただいたのに、留守にしておりまして、ほんとうに失礼をいたしました。回覧板を渡すためほんの一～二分だけ家をあけるつもりが、ついお隣の奥さんと話し込んでしまったのです。ほんとうにどうしようもない不手ぎわで、おわびのしようもございません。

どうかこれにこりず、これからもおつきあいくださいませ。まずは心からおわびまで。


1〈他の言い回し〉●雨天のなかご来訪いただきましたのに…●せっかくお立ち寄りくださいましたのに…●ご来訪をむだにさせてしまい…●私も久々にお会いしたかったのですが…

◎友人の来訪時、家の中が散らかっていたことをわびる〈女・手・は・箋〉

昨日はせっかくお訪ねいただいたのに、家の中があんな状態で、たいへん失礼をいたしました。子どもが休みで朝から晩まで散らかしほうだいのうえ、この暑さで夏バテし……といっても言いわけにしかなりませんね。私のだらしなさはいまに始まったことではないのですが、全くお恥ずかしい限りです。

こんな家ですが、また遊びにいらしてね。

でも、できれば事前に電話でご一報を！


1たいした不手ぎわでないときは、あまりおおげさなおわびの言葉を並べるのは不自然。

◎肩書をまちがって記載したおわび
〈男・女・手・は〉

先般は、私どもの会報に玉稿をちょうだいいたしまして、まことにありがとうございました。

本日、見本が刷り上がってきたのですが、1実は、先生の肩書を、以前いただいたお名刺のまま准教授としてしまいました。この春、教授になられたこと、不勉強で存じませんで、たいへん失礼をいたしました。

急ぎ訂正の手配をしようといたしましたが、すでに印刷にかかっており、不可能でした。どうか今回はお許しいただきますよう、お願い申し上げます。まずはおわびまで。

1ミスをした背景を説明する。他意はなかったという気持ちを伝えること。

◎子どもの不始末をわびる
〈女・手・は・箋〉

先日は昭憲くんのお誕生会にお招きいただき、どうもありがとうございました。

実は、きょうになって尚くんのママから聞いたのですが、誕生会の際、うちの健がお宅のお手洗いを汚してしまったとか。健はズルくって何も言わなかったものですから全然知らなくて、おわびが遅れてしまいました。

本日また健がおじゃまするすると申しますので、当人からも謝らせますが、このたびの粗相、どうかお許しくださいませ。

◎葬儀の際の不手ぎわをわびる
〈男・手・は〉

このたびの亡妻松江の葬儀に際しましてはご多用中のところご会葬いただき、まことにありがとうございました。そのうえご丁重なるお香典まで賜り、厚く御礼申し上げます。

なにぶん突然のことで、不行き届きの点が多々ございましたが、1指名焼香の際に手違いで松田様のご尊名がお呼びできませんでしたこと、まことに慙愧にたえません。名簿を何度か書き写す途中で抜け落ちたものと思われますが、私の不徳のいたすところでございます。

深くおわび申し上げるとともに、なにとぞご寛恕くださいますよう、伏してお願い申し上げます。

1「忘れた」「抜け落ちた」ではあまりに生々しい。手違いとするのは、自分の保身だけでなく相手への思いやりでもある。

◎感情的な失言をわびる
〈男・女・手・は〉

森本さん、[1]本日はたいへん失礼なことを言ってしまい、申しわけありませんでした。つい、冷静さを失って、本題とは関係のないことまで申し上げてしまった自分に腹が立ってなりません。すぐお電話をさしあげようと思いましたが、お声を聞く勇気もなく、こうして書面でおわびするしだいです。[2]さぞご不快な思いをされたことと存じますが、今回だけはどうかお許しください。

1〈他の言い回し〉●心にもないことを言ってしまい…●お恥ずかしい限りですが…●後悔と恥ずかしさのため、いたたまれぬ思いでおります。●感情に走って個人攻撃になってしまい、心よりおわび申し上げます。●私の申し上げたことは、まさに暴言で…どうかお許しください。
2〈他の言い回し〉●これまでのつきあいに免じてどうか…●ひらにご容赦ください。●なにとぞご寛恕のほどお願い申し上げます。●いくえにもおわび申し上げます。

◎酒席での失言をわびる
〈男・女・手・は・箋〉

昨夜はせっかくお誘いいただきましたのに、あのような暴言を吐きましたこと、まことに申しわけなく、心から反省しております。
[1]このところ仕事がうまくいかず、うっ積していたものが、島本様とお会いしたうれしさと、酒席の解放感で一気に爆発してしまいました。
ただただ恥ずかしい限りで、きょうになって思い出しては頭をかかえております。
ほんとうに申しわけありませんでした。

1「酒のうえのこととはいえ」という便利な言い方もあるが、酒のせいにしないで自分の落ち度を謝罪するほうが潔い。

◎泥酔しての失態をわびる
〈男・女・手・は・箋〉

昨晩はとんでもない[1]酔態を演じてしまい、多大なご迷惑をおかけいたしました。失礼を早々におわびいたしたく、筆をとりました。

実は昨晩の記憶は二次会以降とぎれており、おそるおそる岡本さんに事情を聞き、赤面の至りでした。ご親身な介抱に深く感謝するとともに、せっかくの楽しい夜を台なしにしてしまったこと、心からおわび申し上げます。

1〈他の言い回し〉●社会人としてあるまじきふるまいで…●われながらあきれた行為、穴があったら入りたいとはこのことでございます。●○○様を歓迎する喜びの席をけがし…●数々のご無礼、どうかご容赦ください。

◎子どものおねしょをわびる
〈女・手・は・箋〉

このたびの隆志の粗相、まことに申しわけありませんでした。[1]お電話ではやさしくお許しいただきましたが、原田さんのご迷惑を思うと、いたたまれない心境です。

ここ数年、夜の心配はなかったものですからつい油断しておりました。本来ならば寝具一式ご弁償させていただくところですが、日ごろのおつきあいに甘えさせていただきます。

おわびのしるしに、シーツをお送りしますのでどうかお納めください。

1友人関係なら、粗相を知った時点ですぐにおわびの電話を。電話では言い足りなかったことや、おわびの品の送り状として手紙を書くと、よりていねいな印象に。

◎会の途中退席をわびる
〈男・女・手・は・箋〉

昨日の歓迎会では、[1]杉山様にごあいさつもせずに退席し、まことにご無礼をいたしました。あのあと、抜けられない所用があったためですが、お話が盛り上がっていたようなので水をさすのもと思い、そのまま失礼させていただきました。

杉山様にはこれからいろいろお世話になることと存じますが、どうかよろしくお願い申し上げます。まずはおわびまで。

1酒席などではよくあることだが、目上の主賓に対しては、ひと言おわびの手紙を書くと好印象になる。

11 問い合わせの手紙とはがき

1 連絡先、日程などの問い合わせ

基本 連絡先の問い合わせ〈男・女・往は〉

[1]ご無沙汰しておりますが、お元気でお過ごしのことと存じます。
いま、[2]クラス会の準備を進めているのですが、江藤さんの連絡先がわからず困っております。[3]以前の名簿にある中央区本町からはすでに引っ越されたようで電話も通じません。

内田さんは江藤さんとお親しかったので、あるいはと思い、お便りをさしあげました。[4]もしご存じでしたら教えてください。

お忙しいところ恐縮ですが、どうぞよろしくお願いいたします。

1 時候のあいさつなどは簡単に。**2** 名簿情報の管理にはデリケートになっている昨今なので、なぜ知りたいのか必ず書く。〈他の言い回し〉●不注意にも名刺をなくしてしまい…●アドレス帳を紛失してしまい…●先日お会いしたとき連絡先を伺うのを忘れ…●中学の同期だったという○○さんから連絡先を尋ねられ…**3** 自分の持っている最新情報を知らせておくとむだがない。**4** いきなり電話しても、相手もすぐにはわからないことがある。特別急ぎでない場合は往復はがきで問い合わせる。

◎相手の家の場所を問い合わせる〈女・往は〉

来週末のお宅への訪問、いまから楽しみでウキウキしています。先日、電車での道順を教えていただきましたが、その後、息子が車で送ってくれることになり、あらためて教えていただきたくお便りいたしました。
[1]こちらから甲州街道を北進するまではわかるのですが、御地は息子も私も不案内なもので心配です。お手数ですが、甲州街道からの簡単な地図を送っていただけますでしょうか。よろしくお願いいたします。

1 尋ねる内容、範囲をはっきりさせること。

◎訪問日程を問い合わせる〈男・女・手・は・箋〉

○月○日ごろ当地にご旅行とのこと、久々にお会いできるのを楽しみにしております。
ところで、くわしいスケジュールはもうお決まりでしょうか。実は○日に一件だけ用事があり、ご案内にさしさわりのないよう調整しておきたいのです。また、[1]特にごらんになりたい場所や行ってみたい店などありましたら、ご遠慮なくお知らせいただきたいと存じます。

ご出発前に、[2]一度ご連絡くださるよう、お願いいたします。まずはお伺いまで。

1 問い合わせたい事柄がいくつかある場合は、個条書きにしてもよい。
2 先方からの依頼に関しての問い合わせの場合は、往復はがきではおおぎょう。連絡がほしい旨伝えるだけでよい。

◎おいしい店を問い合わせる〈男・女・手・は・箋〉

秋の深まりを感じさせる季節となりましたが、お変わりなくお過ごしのことと存じます。

さて、きょうはグルメで名高い斉藤さんに教えていただきたいことがあります。

実は、職場の忘年会の幹事を仰せつかったのですが、たまには落ち着いたいい雰囲気の店でおいしいものを、という贅沢な要望が出て、居酒屋オンリーの私は困り果てております。人数は男女合わせて十人程度なのですが、恵比寿、広尾近辺でお心当たりはありますでしょうか。[1]このはがきが届くころを見はからってお電話をさしあげますので、いくつか候補を教えていただければ幸いです。

勝手なお願いで申しわけありませんが、どうぞよろしく！

1 いきなりの電話では相手も返答に窮する。とりあえずこちらの条件を書いて送っておくほうが効率がよい。

◎雑誌掲載の店の連絡先を問い合わせる〈男・女・往は〉

突然のお便りお許しください。

「週刊○○」いつも愛読しております。

1カ月ほど前の号の巻末グラビアで、おいしい漬け物の店の特集をしていたかと存じます。なかで紹介されていた兵六漬を取り寄せようと、[1]記事を保存していたのですが、不注意から紛失してしまい、店の連絡先を教えていただけないかとお便りをさしあげました。

編集部の皆様にはご多忙中まことに恐縮ですが、折り返しお知らせくださいますよう、お願い申し上げます。

1 愛読しているがゆえの問い合わせである旨を書くと印象がよい。

2 忘れ物の問い合わせ

基本 ホテルなどへ問い合わせる〈男・女・手・は〉

[1]去る○月○日、貴ホテルの7階に宿泊いたしました山本と申します。実は、腕時計を部屋か大浴場におき忘れてしまったようで、お伺い申し上げます。△△社製、黒バンドで文字盤はシルバーです。もし見つかりましたら、恐れ入りますが[2]着払いにて表記住所へお送りいただきたくお願い申し上げます。
まずはとり急ぎお尋ねまで。

1 忘れ物の問い合わせで電話をするのは、相手をわずらわせるだけでなく、確認に時間がかかって効率が悪い。忘れ物をした日、部屋番号（忘れてしまった場合は階数だけでも）、おき忘れた可能性のある場所、忘れ物の特徴などを簡潔にまとめたはがきは、先方がさがすときの正確な控えにもなる。**2** こちらのミスなので、送料は負担する旨申し出るのが妥当。

◎知人宅に忘れ物の件で問い合わせる〈女・手・は・箋〉

先日はあたたかいおもてなし、ありがとうございました。
[1]実は、たいへん申し上げにくいのですが、指輪を忘れていきませんでしたでしょうか。手を洗わせていただいたときに、はずして洗面台においたような気がするのですが。ただ、私は日ごろから忘れ物の達人と言われているほどで、どこか別の場所におき忘れたのかもしれません。もしありましたら、恐れ入りますがご連絡いただけますでしょうか。
ご迷惑をかけて申しわけありませんが、どうぞよろしくお願いいたします。

1 高価な品を個人宅に忘れた場合は、問い合わせの仕方に気を配って。「ダイヤの指輪」「結婚指輪」などの表現は避け、自分の記憶違いかもしれないという謙虚な姿勢で。

◎入手方法を問い合わせる
〈男・女・手・は・箋〉

前略　今月号の「グルメ・ジャーナル」で、貴店紹介の記事を拝読いたしました。みごとな毛がに、ぜひ食べてみたいのですが、遠方での入手方法について教えてください。また、イクラなどの加工品のパンフレットがあれば、あわせてお送りくださいますよう、お願い申し上げます。

1 お忙しいところ恐縮ですが、どうぞよろしくおとり計らいください。

草々

1 先方にとっては商売ではあるが、「こっちは客だ」という高姿勢でなく、教えてほしいと頼む気持ちで。

◎在庫の有無を問い合わせる
〈男・女・手・往は〉

貴社発行の書籍『○○○○○』（△△△△著）の在庫についてお尋ねいたします。近隣の書店では見当たらず、また注文は受け付けないとのことで、失礼とは存じましたが、発行元に直接お問い合わせするしだいです。

1 在庫のある場合は、入手方法をお知らせください。もし可能であれば、代金後払いで表記住所あてにお送りいただければ非常に助かります。また、2 在庫のない場合、増刷予定をお知らせ願えれば幸甚です。急ぎ資料としたい書籍のため、勝手ながらよろしくお願いいいたします。

1・2 ある場合、ない場合、それぞれのケースを想定して希望を述べる。強引にならないよう注意して。

4 その他の問い合わせ

◎送ったものの着否を問い合わせる〈男・女・手・は・箋〉

皆様お変わりなくお過ごしでしょうか。

さて、先日、当地のさくらんぼを少々お送りいたしましたが、無事に届きましたでしょうか。1輸送途中にきずついて先方にご迷惑をかけた経験があるものですから、はなはだぶしつけではございますがお伺い申し上げます。

なお、2連絡が行き違いになりましたら、失礼の段お許しください。

まずは、恐縮ながらお尋ねまで。

1 届いた知らせをよこさない相手を責めるのではなく、あくまで「こちらの事情で、無事に着いたか知りたい」という姿勢で。〈他の言い回し〉●梱包が不十分だったため心配で…●新製品でしたのでお口に合うかわからず…●生産者として、ご感想を今後に生かしたく… 2 品物の着否の確認についての手紙には、こうした表現を入れるのが慣例。

◎品物の着否の問い合わせへの返事〈女・手・は・箋〉

おはがきをちょうだいし、恐縮しております。

珍しくかぜをこじらせ、しばらく伏せっておりましたもので、お礼が遅れ、心苦しく思っておりました。ご心配をかけ、まことに申しわけありませんでした。

さくらんぼは、つやつやと美しい形のまま、先週確かに届きました。食欲のない時期でしたのでかわいらしい姿がとてもうれしく、上品な甘みとともに堪能させていただきました。

遅ればせながら心から御礼申し上げます。ご家族の皆様にもどうぞよろしくお伝えくださいませ。

かしこ

◎転居先に会の支部があるかどうかを問い合わせる〈女・手・往は〉

現在○○地区で「良品生活倶楽部」の商品を購入している者です。実は、来月より福岡へ転居するのですが、引きつづき商品を購入したく、ご相談申し上げます。

転居先は左記のとおりですので、近隣の班の連絡先か、福岡で新たに班を作る方法をお教えいただきたく存じます。

お忙しいなか恐縮ですが、どうかよろしくおとり計らいください。貴会のますますのご発展を心よりお祈り申し上げます。

（新住所）

◎テレビで使用の衣装について問い合わせる〈女・手・往は〉

「ラスト・ニュース」、毎晩欠かさずに拝見しております。内容もさることながら、キャスターの堀込さんがとてもすてきで、シックな衣装も私にとっては番組の魅力の一つです。堀込さんのお召しになっているような洋服を私も買いたいのですが、お店の名前と連絡先を教えていただけないでしょうか。

ぶしつけなことを伺い失礼とは思いますが、どうかよろしくお願いいたします。

※マスコミへは膨大な量の問い合わせがあり、現場も多忙なので「ダメでもともと」の気持ちで。

◎自治体の観光課にイベントの問い合わせをする〈男・女・往は〉

突然のお問い合わせ、失礼いたします。

御地で毎年六月に行われます「よさこいソーラン祭り」をぜひ見に行きたいと計画を立てております。つきましては、本年の日程と会場についてお問い合わせ申し上げます。また、踊りを間近で見るための特別の席があると聞きましたが、それについてもご教示いただければ幸いです。

お手数とは存じますが、御地に知人もなく、思い切ってご連絡さしあげたしだいです。どうかよろしくおとり計らいください。

◎ボランティア団体への入会について問い合わせる〈男・女・手・往は〉

○月○日付の毎朝新聞で、高齢者のご家庭に食事を作って届ける貴会の活動を知り、できますれば私もお仲間に加えていただけないかと筆をとりました。[1]ただ少々気がかりなのは、私自身が仕事を持っておりますため、週末と夜間しか活動ができないことです。もしそれでよろしければ、入会の規定や活動費用、くわしい活動内容をお教えいただきたく、お願い申し上げます。とり急ぎお尋ねまで。

1 入会にあたっての不安、疑問点などは、最初のうちに明らかにしておいたほうが、のちのちのトラブルが少なくなる。

12 催促、抗議の手紙とはがき

1 貸した金品の催促

基本 貸したお金の返済を催促する〈男・女・手〉

[1]拝啓　朝夕はめっきり涼しくなりましたが、皆様にはいかがお過ごしでしょうか。

さて、まことに[2]申し上げにくいのですが、先日ご用立てしたお金の件、お約束の期日が一週間ほど過ぎましたが、いつごろ返していただけますでしょうか。[3]こちらもそう余裕があってお貸ししたものではありませんので、ご返済が遅れますと困ってしまいます。[5]

[4]いろいろご都合はおありかと存じますが、とりあえず返済のめどだけでもお知らせください。よろしくお願いいたします。

敬具

1 文面が人目にふれないよう封書で。時候のあいさつもきちんとととのえ、一応の礼は尽くす。ただし「ますますご隆盛のことと」「お喜び申し上げます」は、手紙の性格上、不適当。**2** 返済期日ぴったりに催促するのははばかられるもの。督促状は期日を1週間から10日過ぎても先方から連絡がないときに。**3** 期日だから返せの一点張りではなく、こちらも事情があるのでという書き方にするとソフトな印象に。〈他の言い回し〉●あのおりお話ししましたように、近日中に使う予定のあるお金ですので…●子どもの進学資金として貯めていたもので、来月には入り用となります。**4** 相手の立場を思いやるひと言を添える。**5** 一日も早く返してほしいと訴えるのも一法だが、「なんとか今月末には」「返済の予定を」とワンクッションおいた催促の仕方のほうが、相手は対応しやすい。

◎貸したお金の返済を再び催促する〈男・女・手〉

先日お願いした返済の件、いまだなんの連絡もございませんが、どうなっておりますでしょうか。電話も全く通じない状態で、たいへん心配しております。

重ねて申し上げますが、ご用立てしたお金は、当方が来月使う予定のものです。お返しいただかなければ、今度は私のほうが困り果ててしまいます。ほかならぬあなた様のためと、無理を押してご用意したこちらの事情もお察しください。お金のことで長年の信頼関係を壊すのは、私にとっても本意ではありません。[1]どうかよろしくお願いいたします。

1 相手に誠意がない場合は、ある程度きつい言い方になってもやむをえない。しかし最後を「よろしくお願いします」と結べば、品位が保てる。

基本 貸した品物の返却を催促する〈男・女・手・は〉

お変わりありませんか。
1 さて、一カ月ほど前にお貸しした旅行用アイロンとドライヤーですが、もうご用はおすみでしょうか。2 実は来月、海外へ出張することになり、当方でも必要になりました。
3 催促がましくて恐縮ですが、近日中にご返却いただきますようお願い申し上げます。わざわざお持ちいただかなくても、4 宅配便などでけっこうです。とり急ぎお願いまで。

1 小さな物品、本などの場合は、相手が単に忘れているケースも。高圧的な態度に出たり、相手をなじったりするのは避け、あくまで「お願い」する姿勢で。2 物品の催促は、自分が使うことになった、あるいは、ほかの友人からも貸してほしいと言われているという理由が無難。3 ほんとうは催促だが、あえてぼかして書く。4 相手の負担感を軽減するために、返しやすくする提案があれば添える。〈他の言い回し〉●ご入用の際はまたお貸ししますので…●私の用がすみましたらまたお貸ししても…●大きいものですので、こちらからとりに伺っても…●今月中に送り返していただければ…

◎友人に貸した１万円の返済を催促する〈男・女・手・は・箋〉

お元気でお過ごしのことと存じます。
1 えー、たいへんに申し上げにくいのですが、一カ月ほど前にお会いした際、あなたがお財布をお忘れになっていて、一万円お貸ししたのは覚えていらっしゃいますでしょうか？　来月またお会いする機会があるので、ほんとうはそのときでいいのですが、実は、今月なにかと物入りでピンチなので、切実になってしまい、お便りしました。
申しわけありませんが、現金書留で送ってください。どうか、かわいそうな私に愛の手を！

1「借金」と言えるほどではない額のお金の催促は実にしにくいもの。相手に悪気がない場合が多いので、深刻にならないよう注意しながら。

◎立てかえ代金を催促する〈男・女・手・は〉

過日のグアム旅行の際、後藤さんに頼まれて買い求めたバッグですが、お使い心地はいかがですか。[1]代金については、バッグといっしょにカードの控えを同封したはずですが、ごらんいただけましたでしょうか。来月十日に、当方の口座から引き落とされることになっておりますので、それまでにお振り込みいただきますよう、お願い申し上げます。

なお、念のため、クレジットの控えと円換算の金額、私の口座番号のメモを同封いたします。[2]入れ違いにご入金の場合は、失礼のほどお許しください。

1万が一、旅行のお土産と思われていたら困るので、「頼まれて」とはっきり書いておく。**2**立てかえ払いしたときは、レシートなどを再度提示して、ビジネスライクに催促したほうがよい場合も。

◎習い事の月謝納入を催促する〈男・女・手・は・箋〉

ご子息・勇人くんの通う書道教室を主宰しております坂本です。[1]勇人くんの最近の上達ぶりは、私も目をみはるものがあります。

さて、まことに不本意な申し出ではございますが、教室の月謝が○月より三カ月分、一万二千円が未納となっております。何度か勇人くんに申し上げたのですが、お母様には伝わらなかったのでしょう。[2]次回お子様に持たせるか、ついでのときに教室までお届けくださいますよう、お願い申し上げます。

1近況などを伝え、ソフトムードで書き始める。**2**相手の都合に合わせ、納入方法をいくつか提案する。

◎友人に割り勘の代金を催促する〈男・女・手・は・箋〉

先月の例会、楽しかったですね。あれから何度かお目にかかっているのに、つい言い忘れてしまうので、お知らせしておきます。

例会の二次会、途中でお帰りになってしまいましたが、結局代金は一人五千五百円でした。私が立てかえておりますので、[1]次回お会いしたおりによろしく。催促するようで申しわけないけど、当方も忘れないための覚書のようなもの、と解釈してください。

ではまた。

1深刻な事態でない場合は、逆にさらっと請求しても相手を傷つけない。

3 品物が入手できないときの催促

◎貸してくれる約束の資料を催促する〈男・女・手・は・箋〉

1 まずは、依頼受諾のお礼から。2 催促がましくならないよう、低姿勢で。

先日は○○○についての資料拝借のお願いを快くお聞き届けいただきまして、まことにありがとうございました。宅配便でお送りくださると承っておりましたが、○日現在まだ手元に届いておりません。その後何か不都合なことでもありましたでしょうか。

お願いを重ねて心苦しいのですが、早急に論文をまとめねばなりませんので、ご手配のほど、よろしくお願い申し上げます。

◎取り寄せ注文した品物を催促する〈男・女・手・は〉

前略　貴店に電話注文した商品が、注文後2週間たっても到着いたしません。恐れ入りますが、至急ご調査のうえご返答ください。注文をさしあげた経緯は以下のとおりです。

①商品名「手焼きせんべいAセット」×2
②注文日　6月12日(電話を受けたのは、若い女性のかたでした)
③代金振り込み日　6月14日(差出人名義で、○○銀行の口座に振り込みずみ)

お忙しいところ恐縮ですが、どうかよろしくおとり計らいください。

草々

1 商店、会社への催促は、確認項目を個条書きにして事務的に。何かのトラブルというケースもあるので、あまり居丈高にならないようにする。

◎義妹に、約束の服を催促する〈女・手・は・箋〉

すっかり春めいてきましたね。先月、家にいらしたとき、着なくなった服を譲ってくれると言ってたけど、どうなりましたか。センスのいい美幸さんのワードローブだから、すごく楽しみにしているの。いただくものを催促してほんとうに申しわけないんだけど、よろしくお願いします。クリーニングや洗濯はこちらでしますから、気にしないでね。

1 相手のセンスがいいので、その品物を早く手にとってみたい、という表現で。ほかの書き方として「あなたのおすすめになる本はどれもおもしろいので」「君の推薦するソフトならと興味津々で」など。

4 頼み事の催促

◎借金を頼み、その入金を催促する〈男・女・手・は〉

急ぎお伺い申し上げます。過日借用をお願いいたしましたお金の件ですが、ご都合はいかがでしょうか。催促がましいことを申し上げられる立場ではないのですが、お約束の期日を過ぎましても入金がなく、恐縮ながらお尋ねするしだいです。

貴方様から借用する前提で計画を進めており、私にはほかにお願いするかたもおりません。どうか窮境をお察しいただき、よろしくご手配くださいますようお願い申し上げます。

※相手が忘れているとは考えにくいので、せっぱ詰まっていることを誠実に述べ、重ねてお願いする。

◎依頼した子どもの就職あっせんを催促する〈男・女・手・は〉

先般は突然のお願いをお聞き届けいただき、まことにありがとうございました。さて、あれから一カ月ほどたちましたが、状況はいかがなものでしょうか。当人もお返事を心待ちにしておりまして、失礼とは存じますがこうしてお伺いするしだいです。ご厚情に甘えてばかりで心苦しいのですが、なにとぞご高配のほど、[1]あらためてお願い申し上げます。

ご多忙中まことに恐縮ですが、[2]現況だけでも教えていただければ幸甚でございます。

1 こちらからお願いしていることなので、あからさまな催促や非難がましい表現はタブー。 2 相手としては、よい結果を出してきちんと報告したいと思うのが人情。途中経過だけでもと書けば、先方も連絡しやすい。

◎会報の原稿を催促する〈男・女・は〉

このたびはお忙しいなか、私どもの会報「かけはし」へのご執筆をご快諾いただき、心より感謝いたしております。つきましては、当初お願いいたしました締め切りが五日ほど過ぎておりますが、お進みぐあいはいかがでしょうか。[1]何度かお電話をさしあげましたがお留守のため、書面にてお伺い申し上げます。

印刷所に確認したところ、来週初めにはいただきませんと、発行が間に合わなくなるそうでございます。恐れ入りますが折り返しご一報くださいますよう、お願い申し上げます。

1 書面での催促はていねいではあるが、悠長に構えている印象を与えるので、急いでいるという気持ちを伝える。

◎パーティーへの出欠の返事を催促する
〈男・女・手・は〉

前文お許しください。

先日ご案内申し上げた祝賀会の件ですが、早川様のご都合はいかがでしょうか。ご返事を催促して申しわけないのですが、実は、ご出席いただけるのであれば、乾杯のご発声をお願いしたいと考えております。

ご多忙をきわめていらっしゃることは重々承知しておりますが、至急ご返事を賜りたく、お伺い申し上げます。

この手紙が着くころを見はからいましてお電話をさしあげますので、どうかよろしくご高配のほどお願い申し上げます。

草々

1 出欠の返事の催促は、出席を促す気持ちで書くのが原則。友人ならフランクに誘ってもよいが、目上の相手に出席を強要するのは失礼。やんわりと、「ご出席賜ればうれしい」旨お願いする。

◎問い合わせの返事を催促する〈男・女・手・往は〉

前略　二週間ほど前にお問い合わせいたしました、御社発行の書籍『○○○』の在庫の有無につきまして、再度お伺い申し上げます。

ご多忙中まことに恐縮ですが、当方も必要に迫られ、失礼を省みずご返事をお願いするしだいです。

どうかよろしくおとり計らいください。

草々

◎諾否の返事を催促する
〈男・女・手・は〉

その後お変わりありませんでしょうか。

さて、先日お誘いした○○温泉への旅行の件、ご都合はいかがでしょうか。もし、ごいっしょできるのであれば、私もとてもうれしいのですが。ホテルなどの手配の都合上、そろそろご返事を伺いたいと存じます。

お手数ですが、ご調整のうえご連絡をくださいますようお願い申し上げます。

1 返事の催促というより、重ねて誘うつもりで。

◎貸したお金を返してくれないことへ抗議する〈男・女・手〉

前略　あなたに十万円をご用立てしてから、三カ月が過ぎました。[1]当初はお給料が出たらお返しいただく約束でしたが、急な出費が重なったということで一カ月お待ちしました。しかし、その後はお手紙をさしあげてもご返事がありませんし、最近も何度かお電話しましたが、一向につながりません。

　長年の友人として、そちらにもいろいろご事情がおありだろうと、露骨な催促は控えておりました。しかしながら、あなたの対応は礼を欠いています。このまま事態が変わらないようなら、こちらもしかるべき処置をとらなければなりません。とにかく早急にご連絡ください。

草々

1 いままでの経過は事実だけをあげ、感情的にならないように。

◎たび重なる家賃滞納への苦情〈男・女・手・は・箋〉

とり急ぎ申し上げます。

　12月分のお家賃ご請求の時期になりましたが、銀行で確かめましたところ、10月、11月分の家賃がいまだ振り込まれておりません。今回は3カ月分まとめてのご請求書を同封いたしましたので、期日までに必ずご入金くださいますようお願い申し上げます。

　まことに申し上げにくいのですが、今年に入ってご入金が遅れたのはこれで三度目です。[1]今後このようなことがあった場合は、ご退去のお願いもせざるをえませんので、よろしくおとり計らいください。

1 頻繁に滞納する場合などは、ある程度きつい表現もやむをえない。

◎階下のピアノの騒音に抗議する〈男・女・手・箋〉

突然のお手紙、お許しください。本来ならばお伺いしてお願いするべきなのですが、申し上げにくい件のため書面で失礼いたします。

　実は、お宅様のお嬢様がお弾きになるピアノの音に関してなのですが、夜間の練習はもう少し控えていただけないでしょうか。日によっては夜11時以降まで熱心に弾いていらっしゃるようですが、私ども朝が早いため、10時にはすでに床に入っております。

　お嬢様は音大を目ざしていらっしゃる由、練習が必要なことは承知しておりますが、なにとぞ当方の事情もご理解のうえ、[1]せめて夜10時には終了していただければ幸いです。

　恐縮ですが、ご対処のほどお願いいたします。

1 近所づきあいもあるので、ソフト&冷静な表現で。こちらから許容範囲を提案すれば、相手も対応しやすい。

◎近所から騒音への抗議を受けての返事
〈男・女・手・箋〉

お手紙拝見しました。近藤様には多大なるご迷惑をおかけいたしまして、心からおわび申し上げます。

娘のピアノに関しては、私どももご近所に音が響くのではないかと気にはしていたのですが、日常にとりまぎれ、ごあいさつもいたしませず、まことに失礼をいたしました。

近藤様のおっしゃるとおり、夜10時以降は弾かないようにさせますし、近日中に部屋の防音工事をする手配をいたしました。

後日あらためてごあいさつに伺いますが、とり急ぎ書中にておわび申し上げます。

◎会を無断欠席した知人へ
〈男・女・手・は〉

前略　先日の打ち合わせ、前日にご出席を確認したにもかかわらず、連絡もなしにご欠席なさいましたが、何か急用でもおありでしたか。30分ほどお待ちしましたが、あなたがお持ちの資料がないと話が運ばないので、結局流会となってしまいました。ご事情があったにせよ、会場への電話ぐらいはできたはずだと思います。私だけでなく、メンバー全員が時間をむだにし、迷惑をこうむりました。[1]どうか全員に納得のいく説明をお願いいたします。

草々

◎出張と偽り、ゴルフのため法事を欠席した弟へ〈男・手・は〉

先日の七回忌、出張ならば欠席もやむをえないと思っておりましたが、その後聞くところによるとゴルフに行っていたそうではありませんか。親の法事よりゴルフが大事とは、おやじも草葉の陰で泣いているでしょう。

働き盛りなのだから、[1]接待などで抜けられなかったという事情もあるかもしれません。しかし、うそをつくのはやっぱりいけない。

おふくろも嘆いています。一度直接おふくろに謝ってください。よろしく。

1 謝罪してほしいときは、その旨直接書くのではなく、説明を求めるという表現で。

1 一応、相手の立場も思いやったうえで、非難すべきことははっきりと。

◎メーカーへ、不良品の抗議をする〈男・女・手・は〉

二週間ほど前、御社のバッグを東西デパートで求めました。ところが、雨の日にそのバッグを持って外出したところ、ひどく色落ちし、着ていた新品の服までが台なしになってしまいました。説明書を読みましたが、色落ちの可能性についてはどこにも書かれておりません。デパートでは、一度使用したものの返金はできないとのことで、製造元に直接お願いするしだいです。[1]当方といたしましては、バッグ代金と、被害を受けた服の弁償を望んでおります。参考のため、バッグと服の領収書を同封いたします。至急、ご回答のほどお願い申し上げます。

1 不良品への抗議は何を望むのか（交換、無料修理、返金など）をビジネスライクにはっきり書いたほうがよい。

◎接客態度の悪い従業員への抗議〈男・女・手・は・箋〉

去る六日、貴ホテルに宿泊した者ですが、部屋を担当したかたのため、非常に不愉快な思いをいたしましたので一筆申し上げます。

私ども夫婦は二十歳ほど年が離れており、担当者の興味をそそったようで、いろいろプライベートなことを聞かれ、さらに品性を疑うようなことを言われ、あきれ果てました。

訪れた者が心からくつろげる場であるよう、[1]従業員の教育の徹底を望みます。

1 「あの人はやめさせてほしい」などの個人攻撃は避け、ホテル全体のために教育を徹底させてほしいという書き方で。

STAFF
編集協力…柏木しょうこ、杉本祐子
装丁…佐藤学（禅）
カバーイラスト…まゆみん
本文イラスト…宮本和沙
本文デザイン…今井悦子（MET）
編集担当…深堀なおこ（主婦の友社）

基本がすぐわかるマナーBOOKS
心《こころ》が伝《つた》わる短《みじか》い手紙《てがみ》・はがき・一筆箋《いっぴつせん》

平成22年 9 月30日　第 1 刷発行
令和 2 年 9 月10日　第20刷発行

編　者●主婦の友社
発行者●平野健一
発行所●株式会社 主婦の友社
〒141-0021 東京都品川区上大崎3-1-1 目黒セントラルスクエア
電話 03-5280-7537（編集）
03-5280-7551（販売）
印刷所●図書印刷株式会社

■本書の内容に関するお問い合わせ、また、印刷・製本など製造上の不良がございましたら、主婦の友社（電話03-5280-7537）までご連絡ください。
■主婦の友社が発行する書籍・ムックのご注文は、お近くの書店か主婦の友社コールセンター（電話0120-916-892）まで。
＊お問い合わせ受付時間　土・日・祝日を除く　月～金　9:30～17:30
主婦の友社ホームページ　https://shufunotomo.co.jp/

©Shufunotomo Co., Ltd. 2010 Printed in Japan ISBN978-4-07-274269-3

[R]本書を無断で複写複製（電子化を含む）することは、著作権法上の例外を除き、禁じられています。
本書をコピーされる場合は、事前に公益社団法人日本複製権センター（JRRC）の許諾を受けてください。
また本書を代行業者等の第三者に依頼してスキャンやデジタル化することは、
たとえ個人や家庭内での利用であっても一切認められておりません。
JRRC〈 https://jrrc.or.jp　eメール：jrrc_info@jrrc.or.jp　電話：03-3401-2382 〉
※この本は主婦の友基本マナーBOOKS「短い手紙・はがき・一筆箋」（2003年刊）の改訂新版です。